CATALOGUE

DES OBJETS D'ARTS

FORMANT

LA COLLECTION

DE FEU M. LE COMTE

DE CHOISEUL-GOUFFIER,

PAIR DE FRANCE ET MINISTRE-D'ÉTAT.

CATALOGUE

D'ANTIQUITÉS

ÉGYPTIENNES, GRECQUES, ROMAINES ET CELTIQUES.

La **VENTE** aura lieu à l'ancien *hôtel de Marbœuf,* dit IDALIE, grande avenue des Champs-Elysées, le 20 Juillet et jours suivans. L'ordre des Vacations sera annoncé par un avis particulier, distribué quelques jours avant la Vente.

Les Billets d'entrée seront donnés par MM. PETIT-GUENOT et DUBOIS.

Les Adjudications seront faites par M. PETIT-GUENOT, *Commissaire-Priseur.*

J.-M. EBERHART, IMPRIM. DU COLLÉGE ROYAL DE FRANCE, RUE DU FOIN SAINT-JACQUES, N° 12.

CATALOGUE

D'ANTIQUITÉS

ÉGYPTIENNES, GRECQUES, ROMAINES ET CELTIQUES;

COPIES D'ANTIQUITÉS; MODÈLES D'ÉDIFICES ANCIENS;
SCULPTURES MODERNES;
TABLEAUX; DESSINS; CARTES; PLANS;
COLONNES; TABLES ET MEUBLES PRÉCIEUX,

FORMANT LA COLLECTION

DE FEU

M. LE Cᵗᵉ DE CHOISEUL-GOUFFIER,

Pair de France, Ministre-d'État, Lieutenant-général des Armées
du Roi; ancien Ambassadeur du Roi près la Porte-Ottomane,
Membre de l'Académie Françoise, de l'Académie Royale des Inscriptions et Belles-Lettres; de l'Académie des Beaux-Arts, etc., etc.

Par L. J. J. DUBOIS.

PRIX : 4 FRANCS.

A PARIS,

Chez MM. {
DUBOIS, rue Christine, nº 2;
PETIT-CUENOT, Commissaire-Priseur, place du
Louvre, nº 22;

1818.

AVERTISSEMENT.

PENDANT le cours d'un premier voyage fait en
Grèce, en 1776, M. le Comte de Choiseul,
fidèle au plan qu'il s'étoit tracé d'avance, avoit
consacré tous ses soins à réunir les matériaux
nécessaires à l'exécution de l'ouvrage célèbre,
dont il publia le premier volume en 1782. Des découvertes précieuses dans plusieurs genres, des
observations remplies de goût et de savoir; et,
enfin, un grand nombre de dessins parfaitement gravés, fixèrent l'attention générale sur
des travaux dont l'importance étoit vivement
sentie, et qui devoient nous faire mieux connoître l'état ancien et moderne, du berceau
révéré des arts et des lettres.

Nommé Ambassadeur du Roi, près la Porte-
Ottomane, en 1784, et reporté sur des lieux qu'il
n'avoit abandonnés qu'à regret, M. de Choiseul étendit beaucoup ses premiers projets, et
leur donna une proportion aussi vaste que lui
permettoient de le faire les nouveaux moyens,
dont il pût alors disposer. Accompagné d'un

ami bien digne de partager son enthousiasme religieux pour les monumens de la Grèce (1), et d'un grand nombre d'artistes distingués, dont les talens devoient seconder ses intentions, il partit en emportant avec lui les vœux des savans, impatiens de jouir et de profiter du résultat des travaux qu'il alloit entreprendre.

Depuis cette époque et pendant l'espace de neuf années entières, on le vit constamment employer ses loisirs à diriger les opérations qu'il faisoit exécuter à-la-fois sur des points très-éloignés; désigner, à l'aide des anciens auteurs et des voyageurs qui l'avoient précédé (2), les localités remarquables sur lesquelles ou devoit établir des fouilles, lever des plans et dessiner des vues; il fit aussi mouler, avec des frais immenses, les sculptures qui pouvoient présenter des modèles précieux pour l'étude de l'art, mais dont le déplacement auroit entraîné des dégradations monumentales, ou amené des violences auxquelles il ne voulut jamais consentir. Par suite de ces dispositions dignes d'un

(1) M. l'abbé Delille.

(2) M. de Choiseul dut aussi beaucoup de renseignemens utiles, à la correspondance qu'il entretint pendant son ambassade avec MM. l'abbé Barthélemy et Barbié du Bocage.

véritable amateur , il arrêta les recherches que
le gouvernement Turc l'avoit autorisé à faire
dans le stade d'Olympie , dès qu'il fut informé
que ces fouilles pouvoient compromettre la vie
ou du moins la tranquillité d'un Aga du voisinage (1). Le même esprit de modération , le fit
également renoncer à la possession si désirée
des fameux marbres, placés à la porte de l'église
du village grec de Ieni-Scheher (anciennement
Sigée), dès qu'il connut la répugnance que les
habitans de ce lieu montroient à les laisser en-
lever (2). En vain leur fit-il offrir une somme
considérable pour les rendre plus faciles à ses
désirs (2,000 francs), la force d'un préjugé
ridicule qui attachoit à ces mêmes marbres une
vertu fébrifuge, surmonta le sentiment de la

---

(1) Cet Aga dit à la personne qui lui présentoit le firman
de la Porte : *Tu enlèveras des pierres dont tu sauras tirer
de l'or ; le Sultan croira que tu m'as fait partager tes richesses, et ma tête tombera.*

(2) Ces marbres consistoient en une double inscription
dont la première est considérée comme le plus ancien monument connu de ce genre , et dans un bas-relief du travail le
plus parfait. Chishull et ensuite quelques autres ont donné
la gravure des inscriptions; une gravure soignée du bas-relief
ornera la suite du *Voyage de la Grèce* , publié par M. de
Choiseul.

misère ; et ces vénérables débris dont la valeur réelle étoit entièrement inconnue à ceux qui s'obstinoient si constamment à les garder, continuèrent à calmer leur imagination fortement dominée, jusqu'en 1802, qu'un voyageur moins compatissant pour les foiblesses humaines, les fit embarquer de vive force, sans compenser même par aucun acte de générosité, les regrets et les traitemens barbares qu'éprouvèrent alors ces malheureux paysans.

M. de Choiseul, après avoir perdu l'espérance de recueillir ainsi quelques objets importans, qui lui échappèrent par des motifs aussi honorables, résolut d'entreprendre une fouille générale d'*Alexandria-Troas* (1), et fit proposer au Sultan de lui céder pour une somme considérable, et pour six années seulement, l'emplacement désert et couvert de bois, qui recèle aujourd'hui les ruines de cette ville. Sa demande appuyée de riches présens, n'éprouva que de légers obstacles, et tout concouroit même à la faire réussir, lorsque vers le commencement

---

(1) Une histoire abrégée de cette ville, visitée par beaucoup de voyageurs, se trouve dans le *Voyage de la Grèce*, par feu M. le docteur Chandler, Tome I, pag. 54 - 66, de la Traduction française.

de l'année 1792, de vives inquiétudes causées par les troubles toujours croissants en France, vinrent arracher M. de Choiseul à ses innocentes conquêtes, et mirent pour long-tems un terme à de si nobles délassemens; incapable de composer un instant avec ses devoirs, et plongé bientôt après dans l'anxiété cruelle que lui faisoit éprouver les dangers de la Famille Royale, il eut bientôt la douleur de voir se déployer jusque sous ses yeux le tableau effrayant de la plus allarmante insubordination; attaqué jusque dans le palais de l'ambassade, par une multitude de matelots Français révoltés, on le vit conserver devant les séditieux toute la dignité du caractère dont il étoit revêtu, et montrer constamment le courage dont il avoit déjà donné un mémorable exemple (1); cette lutte, longuement prolongée, ne finit que lorsque l'infortuné sultan Sélim, qui l'honoroit d'un attachement particulier, mais dont la foiblesse égaloit les vertus, l'engagea à céder enfin à la force de l'anarchie, parvenue alors à un degré de vio-

---

(1) On connoît trop généralement l'anecdote de M. de Choiseul, et du Lion qui accompagnoit toujours l'intrépide Hassan Pacha, pour qu'on doive la rapporter ici.

lence dont il n'étoit que trop facile de prévoir les funestes effets.

Ce fut dans les premiers jours de l'année 1793, que M. de Choiseul, après avoir épuisé sa santé par de brillantes opérations politiques, et consacré sa fortune à des recherches dont la France devoit s'énorgueillir, fut contraint en un instant de renoncer peut-être pour jamais, au bonheur de revoir une famille chérie, à son pays qu'il vouloit enrichir du fruit de ses découvertes, et enfin à ses propriétés, qui éprouvèrent le sort reservé alors à celles des proscrits (1). Poursuivi par une troupe d'assassins jusqu'à Buïukdéré, où il comptoit passer quelques jours pour rétablir ses forces, il fut obligé de s'échapper de nuit sous l'escorte de trois officiers russes qui, après l'avoir accompagné jusqu'à Bucharest, le laissèrent poursuivre sa route jusqu'à Saint-Pétersbourg, où une destinée plus

---

(1) Il n'emporta avec lui, dans sa fuite, que le manuscrit de *Lydus* (Voy. n° 238), et une suite intéressante de pierres gravées antiques, qui ne s'est pas retrouvée à l'époque de sa mort. Un choix de ces pierres gravées, dont je possède les empreintes, sera publié cette année, et pourra s'ajouter au présent Catalogue.

douce, lui réservoit la réception la plus honorable, et des dieux hospitaliers (1).

Lorsqu'après neuf années d'éloignement, il put rentrer en France, avec la nouvelle fortune qu'il devoit aux illustres Souverains qui l'avoient accueilli dans ses malheurs, il sentit renaître les plus douces espérances. Bientôt il vit les premières autorités de l'Etat, et les Savans les plus distingués, concourir avec un égal empressement à réparer ses pertes, en lui facilitant la remise des objets placés dans des établissemens publics, ou soustraits par des mains fidèles à l'avidité des spoliateurs révolutionnaires (2). Il obtint, par les soins de M. le comte Chaptal, alors Ministre de l'Intérieur, la restitution des marbres antiques qu'il avoit autrefois envoyés en France, et qui se trouvoient alors déposés dans le Muséum de Paris (3). Dans la même

---

(1) M. de Choiseul dut en parti son salut à l'amitié de MM. de Knobelsdorff et de Kivoslow, seigneurs russes, qui lui assurèrent les moyens d'échapper à ses ennemis.

(2) Tous les objets relatifs au *Voyage pittoresque de la Grèce*, furent préservés du pillage et conservés à leur propriétaire, par MM. le chevalier Barbié du Bocage, membre de l'Institut, Sampierre-d'Aréna, imprimeur, et feu M. Tilliard, graveur.

(3) Cette restitution n'a pas été entièrement faite. Le Mu-

annéé , le zèle obligeant de M. le Chevalier
Millin , contribua puissamment à lui faire re-
mettre la fameuse inscription sur les finances
d'Athènes , expliquée autrefois par le savant
abbé Barthélemy. (Voy. n°. 180.)

Entraîné de nouveau par un penchant irré-
sistible , vers les objets auxquels il avoit tant
sacrifié , M. de Choiseul cherchoit les moyens
de réunir les antiquités qu'il avoit laissées épar-
ses dans divers lieux du Levant , lorsqu'il ap-
prit que vingt-cinq caisses remplies de marbres
précieux , recueillis dans les îles de la Grèce ,
avoient été détruites dans un incendie , qui
consuma une partie de la ville de Smyrne
en 1797 (1). Une autre tentative faite pour ame-

---

séum de Paris possède encore , parmi d'autres objets à récla-
mer , un bas-relief tombé de la *Cella* du Parthénon , et une
base ronde , ornée de sculptures. Ces deux marbres sont
au Musée , sous les n°. 62 et 224.

(1) On doit principalement regretter parmi ces antiques ,
un traité de paix et d'alliance perpétuelle , conclu entre la
république romaine et le peuple d'Astypalée. La seule copie
connue de cette inscription existoit entre les mains de M. de
Villoison , et ne s'est pas trouvée parmi ses papiers. On connoît , en outre , quelques copies d'un autre de ces marbres ,
qui contenoit l'éloge et l'adoption d'un nommé Polarète ,
fils d'Istiée , bienfaiteur du peuple de Thasos.

ner en France vingt-six autres caisses remplies
d'objets semblables , ne servit qu'à faire connoître, ainsi qu'on va le voir , quelle haute estime un guerrier dont la générosité égaloit les
talens militaires, professoit pour le savant ami
des arts, que la France calmée, venoit de voir
rentrer dans son sein.

Dans le courant du printemps de l'année
1802 , un grand nombre d'antiquités rassem-
blées à Athènes, avoient été embarquées sur la
corvette françoise l'*Arabe*, et déjà ce bâtiment
avoit heureusement franchi une partie de sa
route , lorsqu'il fut rencontré , attaqué et pris
entre la Sicile et la Sardaigne , par une frégate
anglaise , commandée par le lord Nelson (1).
Le noble Lord , en apprenant le nom du propriétaire de cette cargaison scientifique, ne ba-
lança pas un instant sur le parti qu'il devoit
prendre ; après avoir reçu le désistement de
MM. ses officiers , qui rivalisèrent avec lui de
générosité ; il fit conduire à Malthe ces antiquités, qu'il se faisoit un plaisir délicat de rendre
à M. de Choiseul, lorsque la mort glorieuse de

---

(1) Ce bâtiment conduisoit de Londres à Naples , M. Elliot ,
ministre britannique près S. M. le Roi des Deux-Siciles.

cet illustre marin, arrivée peu-à-près, au combat de Trafalgar, donna à quelques voyageurs
moins réservés, l'envie de se les approprier, et
leur en facilita les moyens (1).

Peu-à-près, M. de Choiseul fit prendre des in-
formations qui furent sans succès, sur d'autres
antiquités qui avoient été envoyées anciennement à Kerson, et qu'on savoit avoir été depuis
transportées à Odessa. Cet envoi dont le sort est
encore inconnu, consistoit principalement dans
une colonne antique, en porphyre vert, estimée
alors vingt mille francs; en plusieurs cercueils
de momies; en vases peints, trouvés dans le
Céramique d'Athènes (2); et enfin, dans les

---

(1) Ces vingt-six caisses, qui étoient toutes marquées d'un
C. et d'un G., contenoient, parmi beaucoup d'autres objets
dont je conserve un état détaillé, un métope du Parthénon,
rompu en trois morceaux; un cippe surmonté d'un beau fleuron, portant deux inscriptions, l'une grecque et l'autre phé-
nicienne expliquées depuis par M. Akerblad. (Voy. *Mémoires
de l'Académie de Gottingue*, Tome XIV, page 227); une
longue et très-curieuse inscription grecque, partagée en deux
colonnes, dans laquelle se trouvent relatés les dons divers
consacrés dans le temple d'Amphiaraüs à Orope, où elle a
été trouvée.

(2) Notre collection possède les dessins de quelques-uns de
ces vases. *Voy.* n°. 407.

objets plus connus que précieux, découverts en
1787, dans un tombeau de la plaine de Troie,
dont il ne reste plus aujourd'hui de vestiges,
et qui, considéré dans ce temps comme la sé-
pulture d'Achille, paroît, avec plus de vraisemblance, n'avoir été que celle de Festus, af-
franchi de l'empereur Caracalla (1).

Quelques autres restitutions, et sans doute
le souvenir flatteur des généreux procédés,
de l'amiral anglais, vinrent adoucir le chagrin

---

(1) Cette fouille qui fit alors beaucoup de bruit parmi les
antiquaires, et qui devoit récompenser le zèle de M. de Choiseul, ne lui valut, après de grandes dépenses, que des objets
de peu de valeur, et un fragment de bronze corrodé, dont on
fit tour à tour, à l'aide de beaucoup de cire et d'imagination,
un fer de lance, une poignée d'épée, et enfin une prétendue
figure *panthée*, dont la composition, changée plusieurs fois,
ne mérite aucune espèce d'attention.

M. Lechevalier a fait graver cette petite statue, qui se
trouve encore figurée d'une autre manière, sur une planche
inédite du *Voyage Pittoresque de la Grèce*. (Voy. l'*Atlas du
Voyage de la Troade*. Pl. xxiii).

Le résultat le plus certain de cette entreprise, dont les
véritables produits n'ont pas été connus, fut une accusa-
tion injurieuse, publiée par un voyageur, qui attribua
au juif Gormezano, chargé de cette fouille, des plaintes sur
l'inexactitude de M. de Choiseul à remplir ses promesses

que devoit lui causer des tentatives aussi mal-
heureuses. Sa belle collection de modèles d'édifices antiques fut ordonnée : peu après il obtint
les moyens de retirer ceux de ses marbres qui
se trouvoient placés dans le muséum de Marseille , par suite des saisies faites à l'époque de
sa proscription (1). Enfin dans les années 1815
et 1816 , il parvint à faire venir près de lui les
monumens du même genre, qui étoient restés
à Constantinople depuis son départ du Levant (2), et j'eus le bonheur de pouvoir lui

---

envers lui; l'exacte vérité est que Gormezano, que je vis
aux Dardanelles, en 1815, parut très offensé des discours
qui lui étoient prêtés , et qu'il me remit même une décla-
ration qui contient un état détaillé des sommes et des présens qui furent alors le prix de ses soins. (Voy. Dalaway,
Constantinople ancienne et moderne, traduction française,
tom. 2, pag. 190).

(1) Cette restitution n'a point été entièrement effectuée ,
et plusieurs de ces marbres précieux sont encore restés au
Musée de Marseille. *Voy.* l'Atlas du *Voyage dans les dépar-
temens méridionaux de la France* , par M. le chevalier
Millin, Pl. xxiv , n°. 4; Pl. xxxvi, n°. 3, Pl. lvi, n°. 1.

L'autel qui fait partie de ces objets avoit été enlevé de
Délos , par M. l'amiral Truguet.

(2) Quelques-uns de ceux que j'y ai vus en 1815, ne sont
cependant pas revenus; ceux que j'ai ajoutés sont décrits
sous les n°s. 151, 157, 160, 161 , 177, 187, 188 et 189.

offrir dans la même année quelques marbres
que j'avois rassemblés dans cette dernière ville,
ou dans la plaine de Troie que je venois de par-
courir sous la protection du Roi.

Un magnifique édifice dont les diverses façades rappeloient quelques parties des monumens d'Athènes et de Palmyre (1), et dont l'intérieur étoit décoré avec le goût le plus pur,
alloit enfin recevoir dans un ordre convenable
tant d'objets si chèrement acquis et si pénible-
ment conservés, lorsqu'après une altération
subite de sa santé, et des accidens qui donnè-
rent les plus vives inquiétudes, M. de Choiseul,
frappé d'apoplexie aux bains d'Aix-la-Cha-
pelle, le 15 du mois de Juin 1817, expira cinq
jours après, dans le moment même où il alloit
enfin publier, le résultat de ses recherches sur
l'empire de Priam.

---

(1) Les deux façades de l'Est sont imitées d'après celles
de l'*Erecthéum* et du *Pandroséum*, à Athènes : celle du
Nord rappelle un des portiques de la ville de Palmyre. Au
centre du fronton de l'*Erecthéum*, se lit en lettres d'or,
l'inscription grecque suivante :

ΜΝΗΜΟΣΥΝΗΣ ΚΟΡΑΙΣ ΚΑΚΩΝ ΛΗΘΗΙ.

c'est-à-dire,

Aux filles de Mnémosyne, à l'oubli des maux.

Chargé de la rédaction de ce Catalogue, qui
ne contient, comme on doit le voir, qu'une
partie de la collection rassemblée avec tant
de peines, nous avons cherché, autant qu'il
étoit en notre pouvoir, à donner une idée juste
de tout ce qui reste de ces objets précieux.
Pour faire connoître d'une manière plus utile
et plus précise chacun des marbres, et principalement les inscriptions, nous avons joint
souvent à leur copie et quelquefois à leur traduction (1), l'indication du lieu d'où le monument
a été transporté. Nous regrettons que nos forces
ne nous aient pas permis de joindre à notre
travail une plus grande quantité de ces copies,
et que nous n'ayons pas pu les classer rigou-
reusement d'après l'ordre chronologique. Nous
serons toujours trop heureux si les savans et
le public instruit daignent nous savoir gré de
notre zèle à l'instruire de faits et de traditions

---

(1) Les traductions qui suivent le texte de quelques inscriptions, n'ont été faites que dans l'intention d'en faciliter
l'intelligence, aux personnes qui n'entendent pas la langue
grecque. Je dois à l'amitié de M. le professeur Hase, celles
qui se trouvent sous les numéros 143, 154, 159, 175, 196,
197, 199, 203 et 211.

que nous avons cru devoir conserver, et dont quelques-unes, peu connues, méritent quelque intérêt (1).

On remarquera peut-être que notre collection ressemble peu à celles que renferment en général les cabinets particuliers, où les objets d'antiquité, restaurés avec soin, sont classés avec ordre, d'après un système suivi. Nos marbres, au contraire, sans rapports entre eux par leurs sujets, offrent encore presque toutes les traces de plus d'un outrage et d'un long abandon ; mais de quel intérêt ne sont-ils pas cependant, puisqu'ils fournissent à l'histoire de l'art, des modèles de son enfance, de sa perfection et de toutes les gradations de la décadence ? le savant y trouvera des renseignemens sur la religion et sur les relations réciproques de plusieurs peuples de la Grèce, enfin le Philologue pourra étendre par eux ses recherches sur les différens dialectes et les formes grammaticales d'une langue dont les écrits immor-

---

(1) Nous avons pensé qu'il n'étoit pas besoin d'éloges pompeux et répétés, pour faire sentir le prix réel de ces objets; en les indiquant par un nombre toujours croissant d'astériques, nous avons voulu seulement appeler sur eux l'attention des amateurs.

tels ont encore souvent besoin de commentaires et d'interprétations.

Nous ne terminerons point cette Notice sans émettre le vœu de voir enfin fixés à jamais parmi nous, tant de monumens que l'honneur national semble nous faire un devoir d'y retenir : des collections semblables , transportées successivement en Angleterre , et renfermées depuis dans des établissemens publics, ont conservé jusqu'à nos jours les noms de leurs premiers possesseurs ; cette distinction honorable qui n'est pas sans exemple en France , ne peut-t-elle pas se renouveller? Que les marbres de *Choiseul*, joints à ceux de *Nointel* , rappellent toujours à notre reconnoissance les noms de ces voyageurs illustres , qui tous deux , parcourant une carrière semblable , et visitant les mêmes lieux , ont fait tourner à l'avantage commun , leurs lumières et les dons de la fortune devenus entre leurs mains le patrimoine des lettres et des arts.

CATALOGUE

D'ANTIQUITÉS ÉGYPTIENNES, GRECQUES, ROMAINES ET CELTIQUES,

MODÈLES D'ÉDIFICES ANTIQUES, TABLEAUX, DESSINS, COLONNES, MEUBLES PRÉCIEUX, ETC.

ANTIQUITÉS ÉGYPTIENNES (1).

STATUES.

1.***. BASALTE vert.

Figure d'un homme debout, la tête enveloppée d'une large coëffe, les reins serrés dans une espèce de petite tunique croisée par devant, et les bras pendans à ses côtés (2).

Cette statue avoit éprouvé anciennement quelques dégradations qui ont été réparées à Rome, par le sculpteur Massimiliano, artiste très-intelligent dans ce genre de travail. On doit observer ce-

---

(1) Toutes les antiquités décrites sous ce titre appartiennent à l'ancien style de l'art égyptien.

(2) La coëffure dont on vient de parler, a reçu quelquefois le nom de *Calantica*, qui n'a pas été généralement adopté. Le vêtement que l'on nomme ici *Tunique*, ne paroit pas, avoir jamais été désigné d'une manière plus particulière, par un nom spécial et plus convenable.

pendant que ces restaurations ne s'étendent pas jusqu'aux hiéroglyphes sculptés sur la ceinture de cette statue, ainsi que sur le pilastre qui lui sert d'appui. Ces caractères dessinés et exécutés avec beaucoup de soin, sont encore dans un parfait état de conservation.

Le piédestal destiné à supporter aux deux côtés de la figure, les *canopes* décrits sous le n° 25, se compose d'un grand socle de vert antique, élevé sur deux marches de granit rose d'Egypte.

> Hauteur de la figure, non compris celle du piédestal, 80 centimètres. (30 pouces.)

2.***, Granitelle noir.

Une figure humaine vêtue d'une longue tunique sans plis, assise sur un siége carré, et plaçant sur sa poitrine avec sa main gauche, une fleur de lotus épanouie.

Cette statue est d'une parfaite conservation.

> Hauteur, 52 cent. (19 pouces 9 lignes.)

3.***, Granitelle noir.

Une figure humaine vêtue comme la précédente, assise à terre, et tenant ses avant-bras croisés sur ses genoux.

Le devant de sa tunique est orné de dix lignes d'hiéroglyphes, dont les trois dernières seulement se trouvent séparées par des filets (1).

---

(1) Le comte de Caylus a donné la gravure d'une statue du même genre *Recueil d'antiquités* etc. T. 7. Pl. xi. n° 1, 2, 3.

Les pieds manquent à cette statue, dont la res-
tauration seroit facile.

Hauteur, 47 cent. (17 pouces.)

4.***. Pierre grise.

Une figure humaine représentée assise, et les
mains posées sur les genoux, mais dont le siège
sculpté séparément n'existe plus.

Cette statue très-remarquable par sa hauteur
qui est peu commune, se distingue également
par son travail qui est soigné. L'ensemble de sa
coëffure et celle de son vêtement se retrouve sur
une petite figure (1) qui fait partie du Muséum
royal de France (n° 274).

Trouvée à Sakkara.

Hauteur, 1 mètre 6 cent. (5 pieds 2 pouces.)

5.**. Pierre.

Une figure humaine couverte d'une longue tunique, assise et tenant ses deux mains croisées
sur sa poitrine (2).

Hauteur, 47 cent. (15 pouces.)

6.**. Pierre.

Une figure humaine entièrement vêtue, assise à
terre, et tenant ses bras croisés sur ses genoux.

---

(1) On trouve une gravure fidèle de cette dernière statue,
dans l'ouvrage intitulé : *Nouvelle Explication des Hiéroglyphes*, par M. le chev. Lenoir, Tom. 1. Pl. VI. (*bis.*)

(2) Son siège est brisé.

1.

Le comte de Caylus a donné la gravure d'une statue semblable dans son *Recueil d'Antiquités*, tom. 3, pl. 1, n° 4.

7.*. Espèce de Spath blanc.

Partie supérieure d'une figure humaine coëffée de longues tresses, et mutilée.

Ce fragment a été trouvé dans l'île de Santorin (anciennement *Théra*), par M. Fauvel, aujourd'hui vice-consul de France, à Athènes.

Hauteur, 64 cent. (23 pouces.)

8.**. Basalte noir.

Débris d'une statue colossale, consistant dans une tête humaine, sans cheveux, et mutilée.

Hauteur, 40 cent. (14 pouces ½.)

9. Basalte noir.

Partie supérieure du tronc d'une figure drapée. Ce débris très-informe, porte sur sa poitrine le commencement d'une inscription en deux lignes, dont les caractères paraissent appartenir à l'écriture cursive des Egyptiens.

Hauteur, 28 cent. (10 pouces.)

10.***. Basalte vert.

Partie supérieure d'une figure symbolique, à tête de lion (1).

Hauteur, 14 cent. (5 pouces.)

____

(1) Une copie de ce beau fragment est placée au centre du petit monument, décrit sous le n°. 29.

11.**. Pierre.

Un sphinx couché, dont l'attitude est semblable
à celle des lions Egyptiens, qui décorent l'escalier
du Capitole.

Longueur, 55 cent. (1 pied 8 lignes.)

12.*. Pierre.

Un *canope* dont le couvercle est formé par une
tête d'Epervier.

On sait assez généralement combien il est rare
de conserver ces sortes de vases avec le couvercle
qui leur appartient; les Arabes qui les ouvrent
presque toujours avant de les vendre, dans l'espoir
d'y trouver de l'or, les brisent pour l'ordinaire
pendant cette opération, ou les détruisent ensuite
à cause de l'horreur qu'inspire à tous les Musul-
mans, la représentation des êtres animés.

Trouvé à Sakkara.

Hauteur, 32 cent. (11 pouces ½.)

13.*. Albâtre oriental.

Un couvercle de *canope*, représentant une tête
de *Cercopithèque*.

Hauteur, 15 cent. (5 pouces 4 lignes.)

FIGURINES ÉGYPTIENNES EN BRONZE ET EN TERRE ÉMAILLÉE.

14. Bronze.

Osiris, debout et la tête couverte d'une mitre élevée, portant les attributs ordinaires, le sceptre et le fléau.

Hauteur, 10 cent. (3 pouces 9 lignes.)

15. Bronze.

Harpocrate assis, portant sa main droite vers sa bouche.

Hauteur, 6 cent. 7 millim. (2 pouces 5 lignes.)

16. Bronze.

La même divinité que celle décrite sous le numéro précédent.

De la même hauteur.

17.*. Bronze.

Un homme accroupi sur ses talons, dirigeant ses mains vers les côtés extérieurs de ses genoux.

Un des bras de cette figure est cassé.

Hauteur, 16 cent. ½ (6 pouces.)

18.*. Terre cuite émaillée.

Huit petites figures humaines emmaillotées, dont les pilastres sont chargés d'hiéroglyphes.

Quelques-unes de ces figures sont fracturées.

Hauteur générale, 10 cent. (3 pouces ½.)

19. Bronze,

Un sphinx debout.

Longueur , 8 cent. 4 millim. (3 pouces.)

BAS−RELIEFS ÉGYPTIENS.

20.***. Granitelle gris.

Un carré terminé par le haut en pointe d'obélisque , et dont la partie inférieure en retrait, est
percée par dessous de quatre trous, qui servoient
à fixer la masse entière sur un objet qui nous est
inconnu.

Ce morceau très-précieux par la beauté de son
exécution , et la rareté des figures qu'il présente ,
étoit originairement sculpté sur ses quatres faces ;
deux d'entre elles ont été martelées à dessein par
des mains barbares ; les deux autres qui sont con-
servées offrent également l'une comme l'autre les
figures suivantes , répétées chacune quatre fois en
ligne, sur le même côté du monument.

Partie supérieure (1).

Un épervier à tête humaine, debout, au milieu
d'une barque sous laquelle rampe un énorme serpent ; au-dessus de la tête de cette figure se remarque une auréole dont le milieu est rempli par une
étoile à cinq rayons.

---

(1) Le bord le plus élevé contient un bandeau d'hiéroglyphes , dont les formes varient sur chacune des faces.

Centre.

Une autre figure symbolique , composée du corps, de la queue et des pattes d'un lion, de la tête et de la queue d'un épervier, et de bras humains.

Cette figure qui est représentée assise sur un piédestal chargé d'hiéroglyphes, porte sur sa tête deux plumes réunies à leur base par un globe ; son bras droit étendu en avant est armé d'un arc et sa main gauche soutient sur son épaule trois flèches réunies.

Partie inférieure.

Un animal dont la tête est celle d'un lion et le corps celui d'un bélier. La tête est surmontée des cornes de ce dernier animal , placées au-dessous d'une mître élevée.

Ces trois figures sculptées de relief dans un creux (1), et dirigées de droite à gauche, sont accompagnées d'inscriptions hiéroglyphiques , gravées en creux qui se répètent exactement autour de chacune des figures qui sont semblables.

Trouvé à Rosette.

Hauteur , 64 cent. (1 pied 11 pouces). Largeur de chacune des faces , 71 cent. (2 pieds 2 pouces.)

21.*. Pierre.

Un bas-relief carré, arrondi à sa partie supé-

---

(1) Ainsi que le sont les obélisques et la plupart des bas-reliefs égyptiens.

rieure (1), et sur lequel sont sculptés de relief dans un creux, les objets suivans.

Partie supérieure.

Un globe ailé couvrant un *nilomètre* dont les côtés sont occupés par deux chakals en regard et armés de fléaux. Au-dessus de ces animaux sont gravés quelques hiéroglyphes.

Centre.

Osiris, le corps couvert d'un large manteau, précédant trois femmes dont les têtes sont surmontées de divers symboles, et qui tiennent dans leurs mains des tiges de lotus. Derrière ces figures, sont placées deux divinités à tête d'épervier et de chakal, portant chacune un bâton dont le haut est terminé par une tête de *huppe*.

Ce cortège mystique se dirige, de gauche à droite, vers une femme qui élève ses mains à la hauteur de son visage.

Au-dessous de la composition précédente se voient treize figures humaines assises à terre, et portant des globes sur leur tête, placées en regard six à la droite, et sept à la gauche d'un piédestal sur lequel repose un chakal accroupi et armé d'un fléau.

La partie inférieure du bas-relief est occupée

---

(1) Kircher a donné une médiocre gravure d'un bas-relief égyptien, dont la forme est semblable. Voyez *OEdipus Ægyptiacus*, Tom. 2. pag. 456.

par quatre lignes d'hiéroglyphes, gravées en creux, et séparées entre elles par des filets (1).

Hauteur, 54 cent. (1 pied 5 lig.) Larg. 26 cent. (10 pouc.)

OBJETS COPIÉS OU MOULÉS SUR DES ANTIQUITÉS ÉGYPTIENNES (2).

22,***. Bronze moulé sur l'antique.

Isis, assise, allaitant Horus.

Cette belle figure repose sur un siége de granit rose d'Egypte, élevé sur un piédestal de porphyre. La masse entière est élevée sur trois gradins de brèche rose.

Hauteur, 85 cent. (2 pieds ½)

23,***. Bronze moulé sur l'antique.

Une figure d'homme debout, faisant pendant à la statue antique décrite sous le n° 1.

Cette figure est placée sur un large piédestal de vert d'Egypte, exhanssé sur deux gradins en granit rose d'Egypte.

A ses côtés se placent les *canopes* d'albâtre qui vont suivre.

Hauteur de la figure, 80 cent. (30 pouces.)

---

(1) Une partie des divers objets représentés sur ce bas-relief, conservent encore des traces d'une couleur rouge qui les recouvroit anciennement.

(2) Les objets les plus importans qui se trouvent dans cette série, ont été exécutés à Rome, d'après les dessins et sous la direction de M. Cassas.

24. Albâtre oriental.

Deux *canopes* à tête d'épervier (1).

Hauteur, 37 cent. (13 pouces ½.)

25.***. Marbre noir antique.

Deux *canopes* à tête de femme, richement ornés de sculptures sur leur pourtour, et copiés l'un et l'autre sur un *canope* antique qui devoit appartenir au style d'imitation. Voy. *Musœum Romanum*, etc. pl. 41, 42, 43.

Ces deux formes de vases doivent se placer sur le piédestal et aux deux côtés de la statue antique décrite sous le n° 1.

Hauteur égale à celle des Canopes précédens.

26. Granit rose d'Égypte.

Un obélisque élevé sur un piédestal, et trois gradins de même nature, le tout reposant sur un socle de marbre bleu turquin.

Hauteur générale du monument, 1 mètre 55 cent. (4 pieds 8 pouces.)

27. Granit rose d'Égypte.

Un obélisque semblable au précédent, et brisé en deux morceaux.

Piédestal en vert antique, élevé sur trois gradins d'une brèche rare. Au-dessous de cette première base, est placé un autre gradin de serpentin

---

(1) Ces *canopes* et ceux qui les suivent ne sont point évidés.

reposant sur un large socle de vert d'Egypte (1). Aux deux côtés de l'obélisque se placent les lions suivans.

Hauteur, 1 mètre 55 cent. (4 pieds 8 pouces.)

28.**. *Marbre noir antique.*

Copies réduites des lions Egyptiens qui se voient au pied de l'escalier du Capitole.

Socles en porphyre.

Largeur, 55 cent. (1 pied.)

29.**. *Serpentine verte, nommée par les Italiens,* Verde ranocchio.

Petit monument imité d'après un monolithe Egyptien, dont le devant est orné de deux figures d'hommes sculptés en bas-relief aux deux côtés d'une porte. Au centre de cette porte se voit une copie en albâtre du beau fragment antique décrit sous le n° 10.

Base et corniche en *jaune de Sienne.*

Hauteur, 47 cent. (17 pouces.) Largeur égale à sa hauteur.

30.**. *Brèche dure, nommée par les Italiens,* Fior di Persico.

Copie d'un monument du même genre que le précédent, dont le portique contient une tres-belle statue d'Isis en marbre noir, copiée d'après l'antique.

---

(1) L'habitude de placer ainsi les obélisques sur des piédestaux élevés, est contraire à l'usage des anciens Egyptiens, et elle est même peu d'accord avec l'extrême simplicité qui distingue ce genre de monumens.

Diverses figures symboliques et quelques hiéroglyphes sculptés et bronzés décorent ce monument
qui repose sur un grand socle, plaqué de vert antique.

Sur le même socle se placent les lions suivans.

Hauteur, 1 mètre 8 cent. (5 pieds 7 pouces.) Largeur du
socle, 1 mètre 55 cent. (4 pieds 8 pouces.)

31.***. Bronze.

Deux lions copiés et réduits, d'après les lions de
granit rose qui font partie de la fontaine de Ter-
mini, à Rome.

Socle de marbre noir, veiné de blanc.

Largeur, 45 cent. (1 pied 5 pouces 9 lignes.)

32.**. Bronze moulé sur l'antique.

Osiris debout et portant ses attributs ordinaires,
le sceptre et le fléau.

Hauteur, 26 cent. (9 pouces 4 lignes.)

33.*. Bronze moulé sur l'antique.

Isis assise, allaitant Horus.
Le siége de cette figure est en *jaune de Sienne*.

Hauteur, 22 cent. (8 pouces.)

34.*. Bronze moulé sur l'antique.

Le même sujet que le précèdent.

Hauteur, 28 cent. (10 pouces.)

35.* Bronze moulé sur l'antique.

Isis assise.

Hauteur, 24 cent. 5 millim. (8 pouces 8 lignes.)

36.**. Jaune antique.

Quatre petites têtes d'homme, coëffées à l'égyptienne.

Hauteur, 5 cent. (1 pouce ⅞.)

37.**. Albâtre oriental.

Une tête semblable aux précédentes.

Hauteur, 18 cent. (6 pouces 9 lignes.)

38. Trois petits siéges de forme égyptienne, l'un en serpentin rare, le second, en marbre jaune, et le troisième, en marbre vert, peu connu.

Hauteur moyenne, 19 cent. (7 pouces.)

39. Plâtre.

Trois figures assises, moulées sur l'antique.

———

SCULPTURES ANTIQUES,
GRECQUES ET ROMAINES.

STATUES ET BUSTES.

40.***. Marbre de Paros.

Statue d'un jeune homme debout et nud. Ses cheveux sont bouclés en partie autour du front ; l'autre partie forme une tresse qui lui entoure la tête ; de la main droite il tient une bandelette, et de la gauche, le morceau d'un arc (1).

Cette belle production de l'art grec n'a éprouvé que des fractures peu considérables, et qui n'ont pas nécessité de grandes réparations.

Hauteur, 1 mètre 85 cent. (5 pieds 9 pouc. avec la plinthe.)

41.***. Marbre de Paros.

Une figure de femme debout et drapée, dont la tête et les avant-bras n'existent plus (2).

____

(1) Le savant chevalier Visconti, avoit renoncé à déterminer le personnage que cette figure représente.

(2) Sa chaussure qui est élevée comme celle des muses, et qui se trouve attachée sur le pied par une étoile, pourroit faire croire qu'elle représente la muse Uranie.

Cette magnifique statue dont l'ajustement ne le cède en rien aux antiques les plus célèbres, a été trouvée dans l'île de Santorin par M. Fauvel (1).

Hauteur, 1 mètre 65 cent. (5 pieds.)

42.*. Marbre blanc.

Diane *triformis*, ou Hécate.

Les trois têtes placées sur ce groupe sont modernes; tous les avant-bras qui se trouvoient en saillie sont détruits.

On connoit la rareté des monumens qui représentent cette divinité.

Hauteur, 55 cent. (1 pied 7 pouces.)

43.*. Marbre blanc.

Une figure de femme vêtue d'une longue tunique, appuyant son coude gauche sur une petite statue qui représente aussi une femme.

La tête, le bras droit et l'avant-bras gauche manquent à cette figure.

Hauteur, 87 cent. (2 pieds 7 pouces $\frac{1}{2}$.)

44.*. Marbre blanc.

Partie inférieure d'une statue de Vénus, cou-

---

(1) Elle a été découverte sous les ruines d'un portique, dont l'une des colonnes, chargée d'une inscription grecque, se trouvera décrite dans la suite de ce Catalogue.

verte d'une draperie, ainsi que le sont quelques figures connues de la même divinité.

Trouvée à Santorin, par M. Fauvel.

Hauteur, 75 cent. (2 pieds 5 pouces.)

45. Marbre blanc.

Une statue de Pâris (1).

46..** Porphyre.

Deux grands fragmens, qui faisoient autrefois partie de la statue cuirassée et colossale d'un empereur romain. Ces deux débris qui ne donnent à peu près que la longueur des cuisses de la statue, étoient autrefois abandonnés sur le rivage de la mer, à quelque distance de la ville d'Alexandrie (2).

Longueur de ces fragmens, 1 mètre 60 cent. (4 pieds 10 p.)

---

(1) On ne peut donner ici, aucune description de cette figure, qui n'est point encore réunie au reste de la collection.

(2) Les Arabes qui attachoient une vertu talismanique à ces deux débris, se seroient opposés à leur embarquement, si on n'avoit pas choisi la nuit pour l'exécuter : ils supposèrent même, pendant longtemps, que leurs yeux fascinés par les prestiges des Francs ne les voyoient plus, mais que cependant ils y étoient encore ; *la preuve,* disoient-ils, *qu'ils n'ont point été enlevés, c'est que la ville dont ils sont les gardiens* (Alexandrie) *existe toujours* : quelques-uns d'entr'eux conservoient le souvenir de cette histoire, lors de la conquête de l'Égypte par l'armée françoise.

47.***. Marbre blanc.

Une fort jolie figure de femme drapée, dont la tête a été restaurée d'après un buste de l'impératrice Sabine (1).

48.**. Marbre blanc.

Une figure d'homme vêtue de la toge romaine. Cette statue dont la tête est perdue, est brisée en trois morceaux.

Hauteur, 1 mètre 32 cent. (4 pieds.)

49.***. Marbre blanc.

Un torse de jeune homme, d'un excellent travail grec.

Trouvé auprès du Parthénon, à Athènes.

50. Marbre blanc.

Une tête de Jupiter mutilée.

Hauteur, 15 cent. (5 pouces 5 lignes.)

51.*. Marbre blanc.

Une tête d'Hercule.

Hauteur, 22 cent. (8 pouces.)

---

(1) Cette figure qui n'est point encore réunie au reste de la collection, doit avoir environ deux pieds de hauteur.

52.***. Marbre blanc.

Une tête de femme ceinte d'un diadême, et
voilée. Cette tête, dont les traits paroissent com-
binés d'après une nature idéale, a pu faire partie
d'une statue de Junon.

Envoyée de Santorin, par M. Cousinéry, consul
de France à Salonique (1).

Hauteur, 43 cent. (15 pouces 8 lignes.)

53.*. Marbre blanc.

Fragment d'une tête de femme voilée, de proportion ordinaire.

54.***. Marbre blanc.

Un buste d'Esculape, de grandeur naturelle,
également remarquable par la pureté de son travail et la beauté de sa conservation.

55.**. Marbre blanc.

Une tête de Socrate; fragment d'un buste ou
d'une statue.

Trouvée à Marathon.

Hauteur, 30 cent. 6 millim. (11 pouces.)

---

(1) M. Cousinéry est connu par les belles collections de
médailles qu'il a dernièrement cédées à S. A. le Prince royal
de Bavière. Ce Prince, ami des arts, a également acquis
pour son magnifique musée, les fameuses statues trouvées
dans l'île d'Egine, il y a peu d'années.

56.***. Marbre blanc.

Buste de l'empereur Marc-Aurèle ; mort à Sirmium, en l'an 180 de J.-C.

Ce buste dont la conservation est parfaite, représente le sage empereur armé d'une cuirasse recouverte en partie par un manteau ; sur l'attache qui unit son armure, au-dessus de l'épaule droite, est sculpté un Titan.

Trouvé à Marathon dans un même tombeau, avec les bustes suivans.

Hauteur, 75 cent. (2 pieds 2 pouces 2 lignes.)

57.***. Marbre blanc.

Buste de Lucius-Verus, associé à l'empire par Marc-Aurèle, mort à Alentinum, vers la fin de l'an 169 de J.-C.

Ce buste exactement vêtu comme celui de Marc-Aurèle, et sculpté évidemment par la même main. Il n'a pas éprouvé d'autre dégradation qu'une légère fracture, au coin gauche du nez.

Hauteur égale à celle du buste précédent.

58.***. Marbre blanc.

Buste (présumé) du célèbre Rhéteur, Hérode-Atticus (Tibérius-Claudius), qui enseigna l'éloquence grecque aux empereurs Marc-Aurèle et Lucius-Verus.

Les traits offerts par ce buste sont ceux d'un

homme d'un âge mûr et d'une physionomie ren-
due plus grave encore, par la barbe épaisse qui
entoure son menton. La dénomination que nous
lui donnons pouvant déjà s'appuyer sur le lieu
de sa découverte, ainsi que sur la circonstance
extraordinaire des autres bustes trouvés à ses
côtés, deviendra plus probable encore par les
faits que nous allons rapporter (1).

Ce grand homme, bienfaiteur des Athéniens et
de presque tous les peuples de la Grèce, naquit et
mourut à Marathon; prêt de terminer sa vie, il
recommanda à ses affranchis de l'ensevelir dans
le lieu même où il s'étoit retiré dans sa vieillesse;
mais les jeunes gens d'Athènes, jaloux de posséder
les restes d'un homme si généreux, allèrent eux-
mêmes l'ensevelir, et le transportèrent sur leurs
épaules, jusqu'au magnifique *stadium* de marbre
blanc, qu'il avoit fait construire à ses frais pour
l'embellissement de leur ville. Il y fut ensuite
inhumé en présence du peuple, qui assista tout
entier à ses funérailles, et qui témoigna par une
grande douleur, les plus vifs regrets de sa perte.

Ne pourroit-on pas présumer, avec assez de
vraisemblance, que le tombeau où les trois bustes ont été découverts, étoit celui même qui lui
avoit été élevé par ses affranchis? Comme il ne put
recevoir son corps, par le motif que nous venons

---

(1) Il n'existe aucun portrait connu du même personnage, avec lequel on puisse le confronter.

de rapporter, on voulut du moins exécuter en partie ses dernières volontés, en y plaçant son image, avec celles des deux empereurs, dont il avoit été le précepteur et l'ami (1).

La découverte importante de ces trois bustes, l'une des plus belles faites dans la Grèce, est due aux soins de M. Fauvel.

Hauteur, 60 cent. 5 millim. (1 pied 9 pouces 8 lignes.)

59.. Marbre blanc.

Tête d'une dame romaine.

Hauteur, 36 cent. (13 pouces.)

60.. Marbre blanc.

Tête d'une dame romaine, ceinte d'un bandeau.

Hauteur, 36 cent. (13 pouces.)

61.. Marbre blanc.

Une tête de femme, de proportion ordinaire.

62.. Marbre blanc.

Une tête de femme, de grandeur naturelle.

63. Marbre blanc.

Une tête de femme (peut-être de Vénus), fragment d'une statue.

---

(1) Le travail de ce dernier buste, est absolument le même que celui des deux premiers; mais la conservation n'est pas aussi entière : une partie du nez est fracturée.

64. Marbre blanc.

Un buste drapé, sans tête.

Hauteur, 47 cent. (18 pouces.)

65. Marbre blanc.

Buste d'un homme nud, sans tête, avec son piédouche antique.

Hauteur, 51 cent. (18 pouces 2 lignes.)

66. Marbre blanc.

Deux têtes d'enfans, adossées l'une contre l'autre (1).

Hauteur, 27 cent. (9 pouces 9 lignes.)

67. Marbre blanc.

Une tête d'homme, barbue. Fragment.

Hauteur, 28 cent. (10 pouces ⅓.)

68.*. Marbre blanc.

Débris de statue, consistant dans un pied de femme, orné d'une chaussure.

69..** Marbre blanc.

Deux pieds nus, de grandeur naturelle. Fragment d'une statue.

______

(1) Ces deux têtes ont été sculptées dans la partie inférieure d'une statue plus ancienne.

AUTELS, SIÉGE, CADRAN SOLAIRE; BRONZES; MÉDAILLES;
TERRES CUITES, etc., etc.

70. *Marbre blanc.*

Un autel carré, dont le dessus a la forme d'un
cratère. On voit par l'inscription dont nous allons
donner le texte avec la traduction, et qui se trouve
gravée sur l'une de ses faces, qu'il étoit consacré
au culte des Dioscures, qui s'y trouvent qualifiés
de *Sauveurs.*

ΑΓΑΘΗ ΤΥΧΗ
ΣΩΤΗΡΟΙΝ ΑΝΑΚΟΙΝ ΤΕ
ΔΙΟΣΚΟΥΡΟΙΝ Ο ΔΕ ΒΩΜΟΣ

c'est-à-dire :

A la bonne fortune.
Ceci est l'autel (dédié) aux Anaces (Castor et Pollux),
aux Dioscures Sauveurs.

Cet autel a été rapporté d'Athènes (1), où selon
Pausanias, Liv. I, Ch. xviii, on voyoit autrefois
un temple dédié aux mêmes divinités.

Hauteur, 50 cent. (11 pouces 9 lignes.) Longueur, 37 cent.
(1 pied 1 pouce ⅓.)

71.*. *Marbre blanc.*

Un autel de forme ronde, dédié à Bacchus, orné
de deux têtes de victimes et de festons, dont les
détails n'ont point été achevés. Au-dessus de l'un
de ces festons, on lit une inscription bien conser-

---

(1) Cette découverte doit être assez ancienne, puisqu'on
trouve une copie de ce monument parmi les dessins du
voyageur Fourmont, qui sont conservés au Cabinet des manuscrits de la bibliothèque du Roi. *Carton* E. n°. 557.

vée , et en dialecte dorien , qui consacre honora-
blement les noms du roi Ptolémée VI , surnommé
Philométor (qui régna de l'an 181 av. J. C.—l'an
145), de la reine Cléopâtre et de leurs enfans.

O ΔΑΜΟΣ Ο ΘΗΡΑΙΩΝ
ΥΠΕΡ ΒΑΣΙΛΕΩΣ ΠΤΟΛΕΜΑΙΟΥ
ΚΑΙ ΒΑΣΙΛΙΣΣΑΣ ΚΛΕΟΠΑΤΡΑΣ
ΘΕΩΝ ΦΙΛΟΜΑΤΟΡΩΝ
ΚΑΙ ΤΩΝ ΤΕΚΝΩΝ ΑΥΤΩΝ
ΔΙΟΝΥΣΩΙ.

Le peuple des Théréens
à Bacchus,
pour le roi Ptolémée, la reine Cléopâtre, Dieux qui aiment
leur mère, et pour leurs enfans.

Cet autel a été trouvé dans l'île de Santorin ,
l'ancienne *Thera*.

Hauteur , 69 cent. (2 pieds 1 pouce.) Diamètre supérieur ,
58 cent. (1 pied 9 pouces.)

72.**. Marbre blanc.

Un autre autel de même forme que le précédent,
sur lequel sont sculptées quatre têtes de taureaux,
qui soutiennent des guirlandes composées de divers fruits. Au-dessus de l'une des têtes de taureau
se lit l'inscription suivante :

ΧΑΡΙΤΙΟΝ
ΧΡΗΣΤΗ
ΧΑΙΡΕ

c'est-à-dire,

Adieu, bonne Charition.

L'adieu funèbre qui termine cette inscription,

peut faire croire que le marbre sur laquelle elle a été tracée, décoroit autrefois un tombeau.

> Hauteur, 61 cent. (1 pied 10 pouces.) Diamètre supérieur, 55 cent. (1 pieds 7 pouces.)

73..** Marbre blanc.

Un autel semblable au précédent, dont tous les détails sont traités avec une pureté d'exécution remarquable (1).

Trouvé à Santorin.

> Hauteur, 87 cent. (2 pieds 7 pouces.) Diamètre supérieur, 72 cent. (2 pieds 2 pouces.)

74. Marbre blanc.

Un autel semblable à ceux qui viennent d'être décrits.

Trouvé à Santorin.

> Hauteur, 66 cent. (2 pieds.) Diamètre supérieur, 58 cent. (1 pieds 9 pouces.)

75. Marbre blanc.

Autre autel de même forme, conservant quelques restes d'une courte inscription mutilée.

Trouvé à Santorin.

> Hauteur, 86 cent. (2 pieds 7 pouces.) Diamètre supérieur, 70 cent. (2 pieds 1 pouce ½.)

76. Marbre blanc.

Un autre autel de même forme, et trouvé ainsi que les suivans, dans l'île de Santorin.

> Hauteur, 86 cent. (2 pieds 7 pouces.) Diamètre supérieur, 70 cent. (2 pieds 1 pouce ½.)

---

(1) *Voyage pittoresque de la Grèce*, Tom. II. pag. 1.

77. Marbre blanc.

Un petit autel portant l'inscription suivante:

ΕΡΜΙΑ

Hauteur, 33 cent. (1 pied.) Diamètre supérieur, 22 cent.
(8 pouces.)

78. Marbre blanc.

Deux fragmens d'autels semblables aux sept autres qui précèdent (1).

79.**. Marbre blanc.

Un siège, dont le devant est soutenu par les cuisses et les pattes d'un lion, et dont le côté droit est enrichi d'un ornement du plus beau style.

Ce siège, retiré depuis peu du Musée de la ville de Marseille, se trouve gravé dans l'atlas du *Voyage dans le Midi de la France*, par M. le chevalier Millin, Pl. xxxviii, n° 6 et 7 (2).

Hauteur, 50 cent. 5 millim. (18 pouces 4 lignes.) Largeur,
61 cent. (22 pouces.)

---

(1) On connoît un assez grand nombre d'autels, dont la forme ressemble entièrement à ceux que nous venons de décrire. Voy. Tournefort, *Voyage au Levant*, T. 1. p. 376. *Marmora Oxoniensia*, Pl. LVII. n°. 18. *Voyage pittoresque de la Grèce*, Tom. 1. Pl. xix.

On en voit un autre dans la salle Égyptienne du Muséum royal de France. Le plus colossal des autels de ce genre, forme aujourd'hui, l'entrée de la citerne du palais de l'Ambassade de France à Constantinople.

(2) L'artiste chargé de ce dessin, a remplacé les muscles et les veines parfaitement bien exprimées sur les cuisses du lion, par un ornement du plus mauvais goût, et qui est purement de son invention.

80.*. Marbre blanc.

Un gnomon ou cadran solaire, dont le devant est soutenu par des pattes de lion.

Un gnomon semblable est placé sur le monument de Thrasyllus à Athènes, et celui-ci a été découvert par les soins de M. Fauvel.

M. Millin en a donné la gravure dans l'ouvrage déjà cité, Pl. XXVI, n° 5.

> Hauteur, 52 cent. (11 pouces '.) Longueur, 30 cent. 5 millim. (11 pouces.)

81. Marbre blanc.

Un chapiteau dont le pourtour est occupé par huit bustes en haut relief ; trois de ces bustes sont entièrement fracturés ; les cinq autres représentent les divinités suivantes : Jupiter Sérapis, Isis, Harpocrate, Diane et Mars.

> Hauteur, 25 cent. (9 pouces.) Diamètre supérieur, 61 cent. (22 pouces.)

82. Granit rose.

Un bassin de fontaine, de la forme d'un carré alongé, mais dont la partie creusée est ovale. Le granit dont a été formé ce bassin qui provient des ruines d'Halicarnasse, peut avoir été tiré des montagnes qui avoisinent le mont Latmus, où le voyageur Pococke en a vu de semblable.

> Longueur, 2 mètres 6 cent. (6 pieds 2 pouces.) Largeur, 96 cent. 5 millim. (2 pieds 11 pouces.)

83.*. Marbre blanc.

Un massif carré portant sur trois de ses faces les bustes de trois saintes, sculptés en bas-relief; et sur la quatrième une croix entourée d'un cep de vigne.

Ce marbre qui appartient au règne des empereurs Grecs, étoit placé depuis quelques années sur la petite terrasse du palais de l'ambassade de France, à Constantinople.

Hauteur, 38 cent. (15 pouces ½.) Largeur de chacune des faces, 23 cent. (9 pouces.)

84. Bronze.

Figure d'un guerrier, représenté nud et casqué (1).

Hauteur, 19 cent. 5 millim. (7 pouces 10 lignes.)

85. Bronze.

Fragment d'une figure dont la pose et la draperie sont absolument semblables à celle du Méléagre du Vatican.

Hauteur, 15 cent. (5 pouces ½.)

86. Bronze.

Un glaive à deux tranchans, ressemblant parfaitement à ceux que l'on voit représentés sur beaucoup de monumens grecs.

Longueur, 59 cent. (1 pied 9 pouces 5 lignes.)

---

(1) Cette figure dont le travail est grossier, a été dorée.

87. Bronze.

Un glaive romain, moins bien conservé que le précédent.

Trouvé à Heilly, en Picardie, dans l'une des terres de feu madame la comtesse de Choiseul-Gouffier.

Longueur, 52 cent. (1 pied 7 pouces.)

88. Bronze.

Un petit masque, une spirale et un autre objet dont l'usage ne nous est pas connu.

Trouvés à Santorin.

89. Fer.

Un figure humaine, du travail le plus grossier, dont les bras sont attachés au corps par des chevilles du même métal.

Hauteur, 12 cent. 5 millim. (5 pouces ¼.)

90. Bronze.

Quelques médailles grecques très-usées.

91. Terre cuite.

Plus de trois cents petites têtes de femmes, vases, etc.

92. Terre cuite.

Une coupe profonde, dont l'extérieur est orné de génies qui tiennent des flambeaux, et d'une inscription gravée en creux et peu lisible.

Hauteur, 7 cent. (2 pouces ½.)

93.*. Terre cuite.

Une tête d'homme , barbue et couverte d'un voile (1).

Hauteur, 25 cent. (9 pouces.)

94.*. Terre cuite.

Deux lampes, dont les dessus sont ornés , l'une d'un génie ailé jouant de la double flûte , et l'autre, d'un homme sautant par-dessus un lion qui court.

Trouvées à Santorin.

Hauteur , 5 cent. (1 pouce.)

95. Terre cuite.

Une petite coupe ornée de quelques cercles peints en brun.

Hauteur , 5 cent. (1 pouce 9 lignes.)

96. Terre cuite émaillée.

Un vase dont la forme générale représente un bélier accroupi.

Ce petit vase qui ne peut avoir servi à aucun usage, doit être un de ces jouets d'enfans qu'on trouve quelquefois dans les tombeaux.

Hauteur , 8 cent. 4 millim. (3 pouces.)

---

(1) Ces sortes de têtes se trouvent ordinairement dans les tombeaux.

BAS-RELIEFS.

97..** Marbre blanc.

Jupiter Sérapis à demi-couché sur un lit et près d'une table chargée de divers mets, recevant les hommages d'un homme, d'une femme et d'un enfant, placés debout devant lui. Une femme assise sur le même lit que le Dieu, paraît être Isis, qu'on voit également sur un bas-relief semblable, publié par Wheler, tome II, pag. 485.

L'espèce de manche qu'on observe au-dessous de la partie inférieure de notre marbre, servait à le fixer debout sur la terre, ainsi que nous l'apprennent quelques objets du même genre, trouvés depuis peu dans le royaume de Naples.

Trouvé à Athènes, par M. Fauvel.

Hauteur, 45 cent. (1 pied 5 pouces 4 lignes.) Largeur, 39 cent. (14 pouces.)

98..** Marbre blanc.

Minerve, armée d'un casque, d'une lance et d'un bouclier, posant sa main droite sur la tête d'un homme barbu, vêtu d'un simple manteau, ainsi que l'étaient ordinairement parmi les Grecs, les philosophes, les poètes et les artistes.

Ce bas-relief qui représente probablement Minerve, surnommée *Salutaria*, peut avoir rapport à la guérison miraculeuse de Mnésiclès, architecte Athénien, qui, blessé par une chute dangereuse,

dut aux secours de cette déesse, le prompt réta-
blissement de sa santé (1).

Trouvé à Athènes, par M. Fauvel.

Hauteur, 45 cent. 5 millim. (16 pouces.)

99.**. Marbre blanc.

Sacrifice d'une truie, offert à Cérès et à une
autre divinité (2), par un homme, une femme
et un enfant.

Les deux pilastres et l'entablement qui enca-
drent ce bas-relief, indiquent suffisamment que la
scène se passe dans l'intérieur d'un temple. On
doit remarquer que sur ce marbre, ainsi que sur
les précédens, les figures divines excèdent de
beaucoup en hauteur celles des supplians.

Trouvé à Eleusis, par M. Fauvel.

Hauteur, 55 cent. (17 pouces.) Longueur, 61 cent.
(1 pied 10 ponces.)

---

(1) Un autre bas-relief, également trouvé à Athènes,
nous montre Minerve rendant la vue à trois hommes qu'elle
touche successivement avec la plante *Parthenium* (la Ma-
tricaire), *Voy.* Paciaudi, *Monumenta Peloponnesia*, T. 2,
Pl. CLV. Une fracture qui a emporté une partie de la main de
Minerve, nous laisse ignorer si sur le marbre que nous décrivons, la déesse tenoit également la plante que nous
venons de citer.

(2) Cette figure ne porte d'autres attributs que le *modius*
et la *patère*, qui ne suffisent pas pour la faire reconnoître.

100. Marbre blanc.

Bacchus debout, présentant une grappe de raisin à un tigre, placé à ses pieds.

Hauteur, 64 cent. (1 pied 11 pouces.)

101.**. Marbre blanc.

Castor et Pollux debout , aux deux côtés d'un autel , et tenant chacun un flambeau à la main.

Ce bas-relief, qui se voyoit encore dans le siècle dernier, au-dessus de l'une des portes d'Athènes, avoit été remarqué par l'abbé de Fourmont, qui en fit alors un très-médiocre dessin , publié depuis par Caylus. (Tom. 6, Pl. XLVII.)

Envoyé par M. Fauvel (1).

Hauteur , 46 cent. (16 pouces ½) Longueur, 36 cent. (15 pouces.)

102.***. Marbre blanc.

Esculape et *Hygia*, assis sur un même lit , près d'une table couverte de gâteaux et de fruits , que vient goûter un serpent.

Le dieu tient à sa main droite une patère, et de la gauche une couronne. *Hygia*, dont la draperie est un modèle de goût , soutient avec sa main gauche un petit coffret ouvert. Au-dessus des figures, on lit une inscription grecque un peu

-----

(1) Ce bas-relief, qui est complet, est néanmoins brisé en cinq morceaux.

dégradée, qui se termine par le nom d'*Apollonius* (1).

Trouvé à Athènes, par M. Fauvel.

Hauteur, 43 cent. (1 pied 5 pouces.) Longueur, 39 cent.
(14 pouces.)

103.**. Marbre blanc.

Esculape, à demi-couché sur un lit, et tenant
une patère à la main. Près du dieu on voit une
table couverte de mets sacrés, offerts au même
serpent qui se voit sur le bas-relief précédent.

Fragment.

Hauteur, 35 cent. (1 pied.) Longueur, 22 cent. (8 pouces.)

104. Marbre blanc.

Un serpent sculpté au-dessous de cette inscription :

ΑΣΚΛΗΠΙΑΔΗΣ
ΑΣΚΛΗΠΙΟΔΟΡΟΥ
ΔΙΙ ΜΙΛΙΧΙΩΙ

Asclepiades, fils d'Asclépiodore, à Jupiter Milichius.

Milichius est un surnom que les Éléens donnoient à Jupiter.

Hauteur, 52 cent. (11 pouces.) Longueur, 16 cent.
(6 pouces.)

105.******. Marbre blanc.

Un des Métopes qui décoroient autrefois l'exté-

---

(1) Près de la table, on voit sur ce bas-relief, ainsi que
sur beaucoup d'autres, un jeune échanson qui puise du vin
ou une autre liqueur, dans un grand vase à deux anses.

rieur du temple de Minerve , à Athènes , connu sous le nom de *Parthenon* (1).

Un centaure , arrêtant avec ses mains et pressant avec ses genoux , une femme effrayée qui rassemble près d'elle , avec sa main gauche , une partie de son vêtement.

La représentation du combat des Centaures et des Lapithes , exécutée assez fréquemment par les artistes grecs , ne l'a peut-être jamais été avec un caractère de grandeur , semblable à celui qui respire dans ce bas-relief , digne encore , malgré quelques dégradations , d'exciter l'enthousiasme et l'admiration des vrais connoisseurs de l'art.

Sa position étoit anciennement entre le dixième

---

(1) Cet édifice célèbre , et l'un des chefs-d'œuvre de l'architecture grecque , avoit été élevé par Périclès , sur les dessins d'Ictinus , de Callicrate , et de l'immortel Phidias.

Échappé aux fureurs de Sylla et à la barbarie des Goths , transformé en église par les empereurs grecs , en magasin à poudre , et enfin , en mosquée par les Turcs , ce magnifique monument , après avoir traversé une longue suite de siècles , sembloit commander pour toujours un respect qu'il n'a malheureusement pas obtenu. En 1802 , *un spéculateur* anglais ayant entendu vanter le prix des sculptures qui le décoroient encore , entreprit de l'en dépouiller. Pour y procéder avec économie , *on brisa à coups de marteau* , et on précipita du haut en-bas , sans aucune précaution , les métopes , la frise qui ornoient la *Cella* du temple , et les figures qui se trouvoient sur les frontons ; cet amas de débris , après avoir encore éprouvé d'autres désastres , a été depuis vendu au Muséum Britannique.

et le onzième *triglyphe* de la partie sud du temple,
ainsi qu'on le voit dans les dessins que le marquis
de Nointel avoit fait exécuter en 1674, d'après les
antiquités d'Athènes, par un nommé Jacques
Carrey, élève de Lebrun (1). La tête du centaure
qui est aujourd'hui détruite, se voyoit de face et
étoit un peu inclinée sur l'une des épaules de la
femme, dont la tête n'existoit déjà plus : toute la
partie inférieure des figures étoit alors parfaitement conservée. On doit croire que ce bas-relief a
été précipité en bas de l'édifice dont il faisoit partie, lors de l'explosion des poudres qui s'y trouvoient renfermées en 1687, époque du siège et de
la prise d'Athènes par les Vénitiens.

Recueilli *aux pieds* du temple, par M. Fauvel.

Hauteur, 154 cent. (4 pieds.) Longueur, 134 cent. 8 millim.
(4 pieds 2 lignes.)

106.*.   Marbre blanc.

Un génie, vêtu d'une tunique, et portant des
ailes de papillon, assis sur un chameau.

Ce bas-relief, dont le sujet ne se retrouve sur
aucun autre monument antique, a été gravé dans
l'ouvrage de M. Lechevalier, intitulé : *Voyage de
la Troade*, Pl. XI.

---

(1) Ces dessins devenus très-précieux par la perte d'une
partie des objets qu'ils représentent, sont conservés au
Cabinet des Gravures de la Bibliothèque du Roi.

Trouvé dans les ruines d'*Alexandria-Troas* (1).

Hauteur, 88 cent. (2 pieds ½.) Longueur, 84 cent. (2 pieds 7 pouces.)

107..** Marbre blanc.

Un sphinx dont la tête est couverte d'un *modius*.

Hauteur , 45 cent. (15 pouces ½.)

108..** Marbre blanc.

Un fragment de bas-relief du plus ancien style de l'art , qui représente les trois héros suivans :

Agamemnon , assis sur un siége ployant , les cheveux *ondés*, descendants en pointe sur le dos , et couvert d'un vêtement large et sans plis, d'où sortent ses mains qu'il élève à la hauteur de sa poitrine ; devant son visage est gravé son nom inscrit circulairement , et dans cette direction retournée : ΝΩΝΜΕΜΑΓΑ (2).

---

(1) Cette ville dont l'emplacement est entièrement recouvert par une épaisse forêt de chênes, renferme encore un grand nombre d'édifices qui se présentent de la manière la plus pittoresque au milieu des arbres qui les entourent. Sa position est sur la côte d'Asie , en face de l'île de Ténédos.

(2) Les lettres tracées sur ce bas-relief , diffèrent peu par la forme de celles qui sont sur le fameux marbre de *Sigée*. Quoique l'Ω s'y trouve dans le nom d'Agamemnon, on ne peut douter que ce monument ne soit d'une très-haute antiquité ; on sait que cette lettre, qui fut adoptée assez tard par les Athéniens, sous l'archontat d'Euclide, étoit en usage long-temps avant cette époque chez plusieurs autres peuples de la Grèce.

Derrière Agamemnon est le hérault Talthybius,
tenant un caducée à la main droite; il a le corps
convert d'un vêtement croisé qui descend jusqu'à
ses genoux; son nom qui n'a pu être placé près de
lui, se lit entre les jambes et derrière la figure qui
le suit : ΤΑΛΘΥΒΙΟΣ.

Le troisième personnage qui n'est caractérisé
par aucun attribut, et qui suit immédiatement
Talthybius, porte, ainsi que celui-ci, les cheveux
plus courts qu'Agamemnon, et son costume est
semblable à celui du hérault dont il vient d'être
parlé. Derrière cette figure se voyoit le nom d'E-
péus (1), dont une fracture n'a laissé que les trois
lettres suivantes : ΕΠΕ

Il seroit assez difficile de déterminer le sujet que
représentoit dans son entier ce précieux bas-relief
dont nous ne possédons malheureusement qu'une
partie. Peut-être retraçoit-il quelque fait omis par
Homère, mais dont le souvenir s'étoit perpétué
parmi les peuples voisins de la Troade.

Sa destination nous est également inconnue. Les
traces de tenons qui servoient à l'attacher du haut,
du bas et par derrière, nous prouvent seulement
qu'il étoit en partie encastré dans un massif; la sculpture qu'on voit encore sur le retour de l'angle,

---

(1) Épéus, fils de Panopée, l'un des héros qui allèrent au
siège de Troie, construisit le fameux cheval qui servit à la
prise de cette ville. On lui attribue également l'invention
de la machine de guerre en usage chez les anciens, connue
sous le nom de *bélier*.

qui est conservé, nous prouve que cette partie n'étoit point engagée (1).

Au-dessus des figures règne un bandeau rempli par un ornement de fort bon goût, mais d'un genre inusité sur les monumens grecs que nous possédons. Sur le bas du marbre se voit un enroulement natté. L'angle du bas-relief est formé par la tête et le cou d'un animal chimérique et écaillé en partie, dont les cornes s'abaissent et se tournent en spirale.

Trouvé dans l'île de Samothrace parmi des ruines fort anciennes situées vers le nord.

Hauteur, 49 cent. (17 pouces.)

109.   Marbre blanc.

Une bacchanale composée de trois figures et mutilée.

Hauteur, 24 cent. (17 pouces.) Longueur, 27 cent. (19 pouces.)

110.**.   Marbre blanc.

Deux hommes vêtus de courtes tuniques et ar-

---

(1) Ce bas-relief, découvert il y a près de trente ans, étoit depuis long-temps abandonné sous des décombres à Galata, lorsque j'eus le bonheur de le retrouver, et de le rapporter en France en 1816. M. le comte de Choiseul, qui le croyoit perdu, en avoit fait exécuter une gravure d'après un croquis infidèle, où les inscriptions, les figures et la forme générale du bas-relief sont entièrement changées.

més de lances , qui combattent un taureau furieux.

Ce bas-relief qui paroît avoir décoré quelque monument, a été découvert dans l'île de Naxos.

Hauteur , 44 cent. (1 pied 4 pouces.) Longueur , 63 cent. (1 pied 11 pouces.)

I I I.**. Marbre blanc.

Fragment d'un grand bas-relief représentant un homme assis, qui a une partie de son corps enveloppée d'une large draperie. A sa gauche on voit encore quelques restes d'une figure de femme debout.

Trouvé près du chemin qui conduit d'Athènes à Eleusis, par M. Fauvel.

Hauteur , 154 cent. (4 pieds.)

112.**. Marbre blanc.

Fragment d'une procession composée de deux hommes, de deux femmes et de deux jeunes filles.

Trouvé à Eleusis , par M. Fauvel.

Hauteur , 50 cent. (11 pouces) Longueur , 26 cent. (9 pouces ½.)

113.**. Marbre blanc.

Un homme barbu et vêtu d'une longue robe, élevant sa main droite à la hauteur de son visage, et tenant de la gauche un glaive ou un couteau destiné aux sacrifices. Fragment.

Hauteur , 28 cent. (10 pouces.)

114.**. Marbre blanc.

Un mouton couché.

> Hauteur, 54 cent. (1 pied 7 pouces) Longueur, 48 cent.
> (2 pieds 4 pouces.)

115. Marbre blanc.

Un vase de forme allongée , sculpté en bas-
relief.

> Hauteur , 80 cent. (29 pouces.) Longueur , 56 cent.
> (15 pouces.)

FORMES DE VASES CINÉRAIRES, PIERRES SÉPULCHRALES ,
ET DÉBRIS DE TOMBEAUX.

116.***. Marbre blanc.

Une forme de vase ovale sans anses , et qui n'a
point été évidée , dont l'une des faces est ornée
d'un bas-relief, représentant un vieillard assis ,
donnant la main à un guerrier debout et couvert
de son armure.

Trouvé par M. Fauvel dans les sépultures de
Marathon.

> Hauteur , 55 cent. (1 pied 7 pouces.) D. 29 cent. (10
> pouces 4 lignes.)

117.***. Marbre blanc.

Même forme que le précédent , et trouvé sur
le même lieu.

Une femme assise , donnant la main à un

homme à moitié enveloppé d'une large draperie. Derrière cette femme on voit un autre homme qui s'appuie sur le dos du siège, sur lequel elle repose (1).

Au-dessus des têtes de ces trois figures, se lisent leurs noms :

ΣΩΣΤΡΑΤΟΣ (Sostrate) ΚΑΛΛΙΝΟΙΣ (Callynis)
ΣΩΣΤΡΑΤΙΔΗΣ (Sostratidès.)

> Hauteur, 60 cent. (1 pied 9 pouces ¾.) L. 42 cent. (15 pouces.)

118.***. Marbre blanc.

Même forme, et trouvé au même lieu.

Un bas-relief assez semblable à celui qui vient d'être décrit, et portant les mêmes noms au-dessus des figures qui s'y trouvent représentées.

> Hauteur, 60 cent. (1 pied 9 pouc. ½) D. 42 cent. (15 pouc.)

119.**. Marbre blanc.

Même forme, trouvé au même lieu.

---

(1) L'abbé de Fourmont a vu et dessiné autrefois quelques-uns de ces vases, dont les sculptures rappellent singulièrement par leur composition et par la noble simplicité de leur style, les peintures exécutées sur les vases improprement appelés *étrusques*.

Le comte de Caylus (*Rec. d'Antiq.* Tome VI, Pl. XLIX, L, LVI, LVII) a extrait de la collection de Fourmont quelques dessins de vases semblables à ceux que possède notre collection. Le Muséum de Toulouse en possède un autre dont la gravure se trouve dans l'atlas du *Voyage dans le Midi de la France*, par M. le chevalier Millin, Pl. LXXIV, n° 5.

Un repas funèbre, composé d'un homme et d'une femme, représentés assis sur un même lit.

Ce vase a été fracturé dans son épaisseur.

Hauteur, 42 cent. (1 pied 5 pouces.)

120.. Marbre blanc.

Même forme, trouvé au même lieu.

Une femme assise, donnant la main à un homme placé debout devant elle.

Hauteur, 72 cent. (2 pieds 2 pouces.) D. 56 cent. (1 pied 8 lignes.)

121.*. Marbre blanc.

Même forme; trouvé au même lieu.

Une femme voilée, assise, ouvrant un coffret en présence d'une jeune fille qui tient elle-même un objet semblable sur sa main gauche.

Hauteur, 55 cent. (1 pied 8 pouces.) D. 27 cent. (9 pouces 8 lignes.)

122.*. Marbre blanc.

Une femme assise, présentant la main à un homme qui conduit un cheval, et précède un autre homme enveloppé en partie dans une grande draperie. Derrière la figure de femme, se remarque encore la partie inférieure d'une autre figure du même sexe. Près des deux hommes étoit gravée une inscription grecque, dont il ne reste que les lettres suivantes : ΑΝΤΙΦΩΝ ΑΝΤΙΑΣ.

Hauteur, 67 cent. (2 pieds.) D. 38 cent. (13 pouc. 8 lign.)

123. Marbre blanc.

Même forme, trouvé au même lieu.

Sans sculptures, et portant l'inscription suivante :

ΔΗΜΗΤΡΙΑ ΤΩ ΠΑΤΡΙ.
Démétria, à son père.

Hauteur, 78 cent. (2 pieds 4 pouces.) D. 45 cent. (16
pouces 4 lignes.)

124. Marbre blanc.

Même forme, trouvé au même lieu.

Ne présentant aucune sculpture, mais quelques restes d'ornemens peints qui se distinguent
encore.

Hauteur, 75 cent. (2 pieds 3 pouc.) D. 45 cent,(16 pouc.)

125.***. Marbre blanc.

Une pierre sépulchrale, dont le haut est orné
d'un fleuron du plus beau style (1). Son centre
est occupé par un bas-relief représentant une
femme assise, donnant la main à un homme placé
debout devant elle.

____

(1) On doit regretter que l'exécution des monumens funé-
raires qui se trouvent dans les divers cimetières de Paris,
soit confié à de simples ouvriers, qui ne connoissent ni les
proportions que doivent avoir ces sortes de monumens, ni
le genre d'ornemens dont il convient de les enrichir : cette
ignorance qui révolte le goût, pourroit être corrigée par
l'étude facile de quelques cippes grecs ou romains, tels que
ceux figurés dans un grand nombre de recueils d'antiquités.

Au-dessus du bas-relief, étoient autrefois quelques noms contenus dans trois lignes. Le seul de ces noms qui se distingue encore, est celui de *Philomèle*.

Trouvé à Athènes, par M. Fauvel.

Hauteur, 1 mètre 60 cent. (4 pieds ½.) Longueur, 33 cent. (1 pied.)

126.***. Marbre blanc.

Partie supérieure d'une pierre sépulchrale, dont le haut est formé par un très-bel ornement.

Sur la partie lisse du marbre, est gravée cette inscription :

ΠΤΘΟΚΛΗΣ

ΑΝΤΙΛΟΧΟΙ

ΕΠΙΠΡΙΔΗΣ

ΔΗΜΑΡΕΤΗ ΑΙΣΧΡΩΝΟ..

ΜΑΡΩΝΙΟΥ ΠΤΘΟΚΛΟΣ..Υ...

. . . .

Pythoclès, fils d'Antilochus d'Eupiridès. Démarète, fille Eschron de Maronius . . . . .

Trouvé à Athènes, par M. Fauvel.

Hauteur, 64 cent. (1 pied 11 pouces.) Longueur, 38 cent. (14 pouces.)

127.***. Marbre blanc.

Pierre sépulchrale, ornée d'un bas-relief, représentant une femme assise, donnant la main à un homme barbu, placé debout devant elle.

Au-dessus des figures, se lit l'inscription suivante :

ΟΔΗ ΑΠΟΔΗΞΙΔΟΣ.

Envoyé d'Athènes, par M. Fauvel.

Hauteur, 78 cent. (28 pouc.) Largeur, 44 cent. (16 pouc.)

128. Marbre blanc.

Partie supérieure d'une pierre sépulchrale, ornée d'un fronton et portant cette inscription :

ΣΤΡΑΤΟΝΙΚΗ
ΑΝΤΙΟΧΟΥ
ΑΝΤΙΟΧΙΣΣΑ.

Stratonice, fille d'Antiochus, (de la Tribu) Antiochide.

Envoyé d'Athènes, par M. Fauvel.

Hauteur, 36 cent. (13 pouc.) Largeur, 25 cent. (9 pouc.)

129.***. Marbre blanc.

Une pierre sépulchrale, chargée d'un bas-relief représentant deux hommes barbus qui se tiennent debout, et qui se donnent la main.

Au-dessus du bas-relief, se lisent trois inscriptions en une seule ligne, dont on ne transcrit ici que la partie la mieux conservée.

ΔΙ..ΝΗΤΟΣ ΡΑΜΝΟΣΙΟΣ...................
Diognète de Rhamnus.

Envoyé d'Athènes, par M. Fauvel.

Hauteur, 1 mètre (5 pieds.) Longueur, 50 cent. (1 pied ½.)

130. Marbre blanc.

Une pierre sépulchrale, ornée de deux rosaces, et d'un fronton portant l'inscription suivante :

ΑΝΘΕΣΤΗΡΙΟΣ
ΔΑΜΩΝΟΣ
ΦΗΓΑΙΕΥΣ.

Anthestérius, fils de Damon, de Phegæa.

Envoyé d'Athènes, par M. Fauvel.

Hauteur, 41 cent. (15 pouces.) Largeur égale à sa hauteur.

131.***. Marbre blanc.

Une pierre sépulchrale, dont le bas-relief représente une femme assise, portant sa main droite
vers son front. Devant elle est sculptée la figure
d'une jeune fille, qui semble regarder cette femme
avec la plus grande attention.

Envoyé d'Athènes, par M. Fauvel.

Hauteur, 74 cent. (2 pieds 2 pouces ⅓.) Longueur, 51 cent.
(11 pouces.)

132. Marbre blanc.

Partie supérieure d'une petite colonne sur laquelle est gravée cette inscription :

ΜΕΝΑΝΔΡΟΣ
ΛΥΣΙΜΑΧΟΥ
ΧΡΗΣΤΟΣ.

Ménandre, fils de Lysimaque, excellent.

Envoyé d'Athènes, par M. Fauvel.

Hauteur, 40 cent. (14 pouces ⅓.) D. 27 cent. (9 pouces ⅓.)

133.***. Marbre blanc.

Fragment d'une pierre sépulchrale, ornée d'un
bas-relief.

Hercule debout, tenant sa massue appuyée sur
son épaule gauche ; à sa droite, étoit figurée une

femme, dont il ne reste plus qu'une portion de draperie.

Hauteur, 60 cent. (21 pouces ¾.) Largeur inégale.

134.*.** Marbre blanc.

Une pierre sépulchrale, dont le bas-relief représente une femme assise, donnant la main à un homme barbu, placé debout devant elle.

Envoyé d'Athènes, par M. Fauvel.

Hauteur, 65 cent. (1 pied 11 pouces ¾.) Longueur, 29 cent. (10 pouces ¾.)

135.*. Marbre blanc.

Un bas-relief, fragment d'une pierre sépulchrale, représentant un homme debout, vêtu d'une tunique, et portant un bouclier, près d'un autre homme renversé sur la terre.

La partie supérieure du même marbre, contenoit encore un autre bas-relief, dont il ne reste presque plus de vestiges.

Hauteur, 58 cent. (21 pouc.) Largeur, 36 cent. (13 pouc.)

136..** Marbre blanc.

Débris d'une grande pierre sépulchrale, dont le bas-relief représente une femme debout, tenant entre ses mains un objet qui nous est inconnu.

Envoyé d'Athènes, par M. Fauvel.

Hauteur, 78 cent. (2 pieds 5 pouces) Largeur inégale.

4

137.∴. Marbre blanc.

Pierre sépulchrale, représentant un homme vu de face, portant un petit manteau attaché sur l'épaule droite, et offrant de la main gauche une grappe de raisin à un chien, qui est assis à ses pieds.

Au-dessous se lit cette inscription :

ΕΥΑΡΕΣΤΕΣ
ΑΦΡΟΔΕΙΣΙΟΥ.

Evareste, (fils) d'Aphrodisius.

Hauteur, 58 cent. (21 pouces.) Longueur, 38 cent. (15 pouces 10 lignes.)

138. Marbre blanc.

Sur une pierre sépulchrale, ornée de deux rosaces et d'un fronton :

ΛΥΚΙΝΟΣ ΛΥΚΙΟ.
ΣΙΚΥΩΝΙΟΣ.

Lycinus, fils de Lycius de Sicyone.

Trouvé à Athènes.

Hauteur, 95 cent. (2 pieds 10 pouces.) Longueur, 64 cent. (1 pied 11 pouces.)

139. Marbre blanc.

Partie supérieure d'une pierre sépulchrale, surmontée d'un fronton, et portant l'inscription suivante :

ΑΓΑΘΟΚΛΕΑ
ΧΑΙΡΕ.

Agathoclée, salut.

Hauteur, 44 cent. (16 pouces.) Largeur, 36 cent. (13 pouc.)

140.*. Marbre blanc.

Un bas-relief représentant un homme vu de face et enveloppé d'un manteau, debout, près d'un enfant. Au-dessous de ces deux figures se lit cette inscription :

ΚΑΛΛΙΣΤΡΑΤΟΣ Δ.
ΜΗΤΡΙΟΙ ΧΑΙΡΕ.

Callistrate, (fils) de Démétrius, salut.

Hauteur, 56 cent. (20 pouc.) Longueur, 56 cent. (15 pouc.)

141. Marbre blanc.

Partie supérieure d'une pierre sépulchrale, ornée d'un fronton, au-dessous duquel est gravé cette inscription :

ΘΑΙΣ ΕΑ   ΕΥΠΟΡΟ.
ΠΙΔΟΣ   ΕΛΠΙΔΟ.
ΜΙΛΗΣΙΑ   ΜΙΛΗΣ..

Thaïs et Euporus, enfans d'Elpidus de Milet.

Hauteur, 24 cent. (8 pouces ½.) Larg. égale à sa hauteur.

142. Marbre blanc.

Une pierre sépulchrale, ornée d'une moulure à sa partie supérieure, et portant cette inscrip-tion :

ΣΩΣΙΑΣ ΑΝΑΦΛΥΣΤΙΟΣ ΝΙΚΟΠΑΤΡΑ
MEN.ΚΛΕΙΔΟ
Λ....ΗΘΕΝ

Hauteur, 85 cent. (2 pieds 7 pouces.) Largeur, 50 cent. (11 pouces.)

4.

143.*. Marbre blanc.

Un bas-relief, représentant un buste de Cybèle, vu de face. La Déesse tient entre ses mains deux objets assez difficiles à reconnoître, et qui ressemblent assez à une navette et à un peloton (1).

Au-dessus du champ qui contient ce buste, est gravée l'inscription suivante :

ΑΝΔΙΡΗΝΗ

Sous le buste :

ΓΛΙΚΙΝΑ ΜΗΝΟΦΙΝΤΟΣ ΘΕΩΙ
ΑΓΝΗΙ ΕΥΧΗΝ

Glycina, fille de Ménophon (adresse) à la chaste déesse, une prière.

Hauteur, 33 cent. (1 pied.) Largeur, 25 cent. (8 pouces.)

144..** Marbre blanc.

Un banquet funèbre composé d'un homme à demi couché sur un lit, d'une femme voilée, et de quatre enfans.

Au-dessous de ce bas-relief se lit une inscription composée de quatre lignes, dont la dernière est entièrement détruite :

ΣΩΣΘΕΝΗΙ ΑΣΚΛΗΠΙΟΔΟΤΟΥ ΧΑΙΡΕ

---

(1) Ce bas-relief peut avoir été sculpté pour l'accomplissement de quelque vœu particulier, et ne point appartenir à un tombeau.

ΜΕΝΙΠΠΕ ΑΣΚΛΗΠΙΟΔΟΤΟΥ ΧΑΙΡΕ

ΟΥΤΟΘΑΝ....................................

....

Sosthène et Ménippe, enfans d'Asclépiodote, salut.......

> Hauteur, 42 cent. (15 pouc.) Long., 54 cent. (19 pouces.)

145.**. Marbre blanc.

Un repas funèbre, composé d'un homme à demi couché sur un lit, et d'une femme assise et voilée. Sur le bas-relief se lit cette inscription :

ΣΥΝΕΤΗ ΤΩ ΘΡΕΨΑΝΤΙ Μ...
ΝΟΦΙΛΩ ΤΩ ΚΑΙ ΣΕΛΛΙΩΝ..
ΤΗΝ ΣΤΗΛΗΝ ΕΠΕΘΗΚΕΝ..
ΕΥΧΑΡΙΣΤΙΑΣ ΕΝΕΚΕΝ

ΜΗΝΟΦΙΛΕ ΚΟΥΓΕΥ

ΧΑΙΡΕ

c'est-à-dire,

> *On a élevé cette colonne par reconnoissance, au sage et bienfaisant Ménophile et à Sélæoné.*

> *Ménophile, fils de Courès, adieu.*

> Hauteur, 67 cent. (2 pieds.) Long., 42 cent. (15 pouces ½.)

146.**. Marbre blanc.

Un banquet funèbre, composé de cinq figures. Au-dessous se lit cette inscription :

ΔΙΟΝΥΣΙΕ ΜΗΝ.ΔΟΣ   ΚΛΕΑΝΔΡΕ
ΧΑΙΡΕ   ΜΙΙ..ΔΟΣ ΧΑΙΡΕ.

> Hauteur, 55 cent. (19 pouces.) Longueur, 45 cent.
> (17 pouces.)

147.**. Marbre blanc.

Pierre sépulchrale.

Un homme et une femme debout, qui se donnent la main.

Hauteur, 1 mètre (3 pieds.) Longueur, 33 cent. (1 pied.)

148.**. Marbre blanc.

Un banquet funèbre, composé de quatre figures. Au-dessous se lit cette inscription :

ΜΕΝΕΣΤΡΑΤΕ ΜΕΝΕΚΡΑΤΟΙ
ΧΑΙΡΕ

Ménestrate (fils) de Ménécrate, salut.

Hauteur, 64 cent. (1 pied 11 pouces.) Longueur, 42 cent. (15 pouces.)

149.**. Marbre blanc.

Un repas funèbre ; composition de deux figures. Au-dessous du bas-relief est gravée une inscription en deux lignes, dont la première seulement est conservée :

ΔΗΜΗΤΡΙΑΣ ΤΗΣ ΑΡΙΣΤΟΜΜΗΝΟΣ

. . . .

Hauteur, 75 cent. (2 pieds 5 pouces.) Longueur, 42 cent. (17 pouces.)

150.**. Marbre blanc.

Fragment d'une pierre sépulchrale, représentant un vieillard assis, présentant la main à une autre figure qui est détruite.

Hauteur, 51 cent. (11 pouces.) Largeur inégale.

151.**. Marbre blanc.

Une femme vue de face et assise dans une niche circulaire, écartant son voile avec sa main droite, et tenant son bras gauche ployé sur ses genoux.

Au-dessous du bas-relief étoit gravé une inscription en trois lignes, dont la première est seule conservée en son entier.

ΣΙΝΩΠΙΣ ΔΙΟΝΥΣΙΟΥ
. . . .
. . . .

Hauteur, 55 cent. (19 pouc.) Larg. 30 cent. (11 pouces.)

152.***. Marbre blanc (1).

Une pierre sépulchrale chargée de deux bas-reliefs; celui qui est sculpté sur sa partie supérieure, représente deux bustes, l'un d'un homme et l'autre celui d'une femme voilée.

Sur le second est figuré un homme couché sur un lit et près d'une table, ayant en face de lui une femme assise, dont la tête est couverte par un voile.

---

(1) Un autre marbre à-peu-près semblable appartient à la belle collection d'antiquités, conservée dans l'Université d'Oxford. V. *Marmora Oxoniensia*, 2ᵉ partie, Pl. ix, n° 66.

Le marbre que nous décrivons, a été retiré du Musée de la ville de Marseille.

Entre les deux sculptures est gravée en beaux caractères, l'inscription suivante :

ΥΠΟΜΝΗΜΑ ΤΕΛΕΣΦΟΡΟΥ Ο ΕΠΟΙΗΣΕΝ
ΑΥΤΩ Η ΓΥΝΗ ΧΡΗΣΤΗ ΜΝΗΜΗΣ ΧΑΡΙΝ

Monument de Télesphore, qui fut élevé à sa mémoire, par sa femme Chresté.

Hauteur, 66 cent. (2 pieds.) Larg., 46 cent. (16 pouc. ¼.)

153.**. Marbre blanc.

Un bas-relief sur lequel est représenté un cavalier couvert d'un manteau et tenant une patère de la main droite, se dirigeant vers un autel allumé. Derrière cet autel se voit un arbre chargé de fruits, autour duquel s'enlace un énorme serpent.

Ce bas-relief qui a dû faire partie d'un tombeau, doit avoir quelque rapport à la fable du jardin des Hespérides, que les anciens regardoient comme le séjour éternel des justes (1).

Hauteur, 31 cent. (11 pouces.) Larg., 42 cent. (15 pouces.)

154.**. Marbre blanc.

Un autre bas-relief représentant deux cavaliers vêtus d'une tunique et accompagnés de chiens, placés auprès d'un gros arbre entouré par un serpent.

---

(1) J'ai vu aux Dardanelles un bas-relief semblable, qui présentoit encore les restes suivans d'une inscription en partie effacée : no. . . . . ΑΓΓΑΛΙΟΣΗ. . . .

Au dessous des figures se lit l'inscription suivante :

ΕΡΜΗΣ ΔΙΟΣΚΟΥΡΙΔΟΥ ΚΑΙ
ΕΥΝΟΙΑ ΕΥΝΟΥΝ ΚΑΙ
ΕΡΜΕΡΩΤΑ ΤΑ ΕΑΥΤΩΝ
ΤΕΚΝΑ ΜΝΙΑΣ ΧΑΡΙΝ

*Hermès , fils de Dioscoride et Eunoea , à la mémoire
d'Enous et d'Hermerus , leurs enfans.*

Cette inscription déjà publiée et traduite par
M. de Villoison (1) a été envoyée de Salonique, par
M. Cousinéry, consul de France.

Hauteur, 67 cent. (2 pieds.) Largeur, 53 cent. (19 pouces.)

155. Marbre blanc.

Un homme vu de face et enveloppé en partie
dans un manteau.

Au-dessous de cette figure grossièrement sculptée, se lit son nom.

ΕΙΡΗΝΑΙΟΥ
D'Irenée.

Ce modeste monument a été fait sur un débris
de chapiteau plus ancien.

Hauteur, 27 cent. (10 pouces.) Larg. , 14 cent. (5 pouces.)

156.**, Marbre blanc.

Pierre sépulchrale , ornée d'un bas-relief (2).

---

(1) Mémoires de l'Académie des Inscriptions et belles-
lettres , Tom. XLVII, p. 302. Villoison lisoit : ΜΝΕΙΑΣ pour
ΜΝΙΑΣ , qui est sur le marbre.

(2) Cet article est entièrement du savant chevalier Visconti, qui voulut bien me le comuniquer peu de temps
avant sa mort.

On y voit représenté un homme assis et barbu, probablement un médecin qui paroit frotter le corps d'un adolescent placé debout devant lui. Près de cette seconde figure dont le ventre est considérablement enflé, mais dont les extrémités sont très-maigres, se remarque un vase renversé, dont le fond est garni d'une belière destinée sans doute à le soulever ou bien à le suspendre.

Ce vase est vraisemblablement ce qu'on appeloit *Clypeus* (bouclier), et quelquefois *Clibanus* (fourneau); instrument qu'on employoit dans les salles de bains, désigné sous le nom de *Laconium*, et qu'on élevoit ou qu'on abaissoit à volonté pour laisser plus ou moins libre le soupirail de *l'hypocaustum*, où le feu brûloit au-dessous du pavé (1).

Sur la partie inférieure du marbre, sont gravées trois inscriptions grecques; la première qui est la plus ancienne, se rapporte au médecin représenté sur le bas-relief; la voici:

1.

ΙΑΣΩΝ Ο ΚΑΙ ΔΕΚΜΟΣ ΑΧΑΡΝΕΙΣ ΙΑΤΡΟΣ
ΔΙΟΝΥΣΙΟΣ ΙΑΣΟΝΟΣ ΑΧΑΡ ΤΟΝω ΔΕ ΘΕΟΔωΡΟΥ ΑΘΜΟΝΕωΣ.

Jason, qui se nomme aussi Décimus, du dème d'Acharnes, médecin.

Dionysius, fils de Jason d'Acharnes, né de Théodore d'Athmone.

---

(1) On peut voir un *Clypeus* de ce genre, sur une peinture antique des Thermes de Titus, dont le dessin forme le cul de lampe du cinquième livre de Vitruve, dans l'édition de Galiani.

2.

ΘΕΟΜΝΗΣΤΟΣ ΔΙΟΝΥΣΙΟΥ ΑΧΑΡ ΚΑΙ ΕΙΡΗΝΗΣ ΤΗΣ ΙΑΣΟΝΟΣ
ΑΧΑ.

*Théomnestus, fils de Dionysius d'Acharnes, et d'Irène,
fille de Jason d'Acharnes.*

Théomnestus étoit donc le petit-fils du médecin
Jason, qui avoit donné sa fille Irène en mariage
à Dionysius, fils de Théodore d'Athmone, et avoit
adopté son gendre.

3.

..ΛΟΣΤΡΑΤΗ ΑΦΡΟΔΕΙΣΙΟΥ ΤΟΥ ΡΑΜΝ Κ ΑΡΙΣΤΙΟΥ ΤΗΣ
ΚΑΡΠΟΔΩΤ.., ΜΕΛΙΤ...

*Philostrate, fille d'Aphrodisius de Rhamnunte et d'Aris-
tium, fille de Carpodotès de Melitée.*

Le κ isolé de cette inscription est fort remarquable, en ce qu'il est terminé par le bas, par un
trait recourbé, qui indique que c'est un sigle ou
nexus literarum, pour ΚΑΙ.

Nous n'avons, par l'histoire littéraire, aucune
connoissance du médecin Jason d'Acharnes (1);

---

(1) Un petit pot d'apothicaire, conservé dans le cabinet
de M. le chevalier Tôchon d'Annecy, membre de l'Institut,
présente le nom d'un Jason.

ΙΑΣΟΝΟΣ

ΛΥΚΙΟΝ

Le Lycium de Jason.

Nous savons que le *Lycium* étoit un médicament dont
Pline et Dioscoride font mention, et que les médecins anciens étoient souvent apothicaires ; mais nous ignorons si ce
dernier Jason étoit d'Acharnes, et s'il est le même que celui
dont il est parlé sur notre marbre.

il a dû vivre sous la domination romaine, comme on le voit par son nom de *Decimus* que les Grecs ont souvent abrégé en *Decmos.*

Le nom d'*Aristium*, neutre, n'est point extraordinaire pour une femme ; ces diminutifs de tendresse (ὑποκοριστικά) sont ordinairement au neutre, et les Latins les ont aussi adoptés : telles sont la *Glycerium* de l'Andrienne de Térence, la *Philenium*, la *Planerium*, et beaucoup d'autres noms semblables, qui se trouvent dans les comédies de Plaute.

Trouvé à Athènes, par M. Fauvel.

Hauteur, 81 cent. (2 pieds 5 pouces.) Largeur , 52 cent. (19 pouces.)

157.***. Marbre blanc.

Une pierre sépulchrale , qui représente un homme à demi couché sur un lit, offrant une couronne de fleurs à une femme voilée, assise à ses pieds. Derrière ces deux figures , se voit encore une jeune fille tenant une boîte à parfum et un échanson , qui s'apprête à puiser du vin dans un vase posé sur une table.

Au-dessous du bas-relief, se lit cette inscription :

NOYMHNIOΣ
NOYMHNIOY
XAIPE

Numénius (fils) de Numénius , salut.

Eusèbe et Clément d'Alexandrie ont conservé le souvenir d'un philosophe Pythagoricien de ce nom, qui étoit d'Apamée en Syrie, et contemporain de l'Empereur Marc-Aurèle.

> Hauteur, 58 cent. (20 pouces 9 lignes.) Largeur, 44 cent.
> (16 pouces.)

158.**. Marbre blanc.

Buste d'un homme barbu et couronné de lauriers, sculpté en haut relief dans l'angle d'un couvercle de tombeau.

> Hauteur, 61 cent. (22 pouces.) Largeur, 75 cent. (2 pieds
> 5 pouces.)

159. Marbre blanc.

Buste d'un jeune homme vu de face et sculpté en bas-relief au centre d'une bordure en marbre. Au-dessous du buste, se lit cette inscription :

ΜΑΡΚΟΣ ΑΥΡΗΛΙΟΣ
ΔΙΟΝΥΣΙΟΣ ΔΙΟΝΥ
ΣΙΟΥ ΤΟΥ ΕΠΑΓΑΘΟΥ
ΤΟΥ ΑΡΤΕΜΙΔΩΡΟΥ

*Marc-Aurèle Denys, fils de Denys, fils d'Epagathe, fils
d'Artémidore.*

Sur le bord inférieur de l'encadrement :

ΜΕΛΙΤΩΝΟΣ ΜΝΙΑΣ ΧΑΡΙΝ

A la mémoire de Méliton.

Envoyé de Smyrne, par M. Jassaud.

> Hauteur, 58 centim. (21 pouc.) Largeur, 40 centim.
> (14 pouces ½.)

160.**. Marbre blanc.

Pierre sépulchrale élevée par Soteridès-Gallus, à son camarade Marcus Tlaccius.... qui avoit fait la guerre dans la Lybie, sous un certain Théognète, commandant de cavalerie sous un Empereur dont le nom est illisible, à la réserve de Caïus.

La partie supérieure de ce monument étoit formée par un bas-relief dont il ne reste plus aujourd'hui que de foibles traces. Au-dessous de cette sculpture, se lit l'inscription suivante :

ΙΠΠΑΡΧΟΤΝΙΟΣ ΒΟΥΛΕΙΔΟΙ ΤΟΙ ΜΗΤΡΟΔΩΡΟ.

Cette ligne est séparée de la seconde inscription par un second bas-relief représentant une femme accompagnée d'un jeune homme tenant deux flûtes, d'une jeune fille portant des offrandes sur sa tête, et enfin d'un enfant qui conduit un bélier vers un autel voisin d'un chêne, auquel est suspendue une paire de crotales.

Au-dessus se lit :

ΣΩΤΗΡΙΔΗΣ ΓΑΛΛΟΣ ΕΥΞΑΜΕΝΟΣ...Τ............
ΥΠΕΡ ΤΟΥ ΙΔΙΟΥ ΣΥΜΒΙΟΥ ΜΑΡΚΟΥΣ ΦΛΑΚΚΙΟΥ ΜΑ....
ΑΥ..ΤΟΥ ΣΤΡΑΤΕΥΣΑΜΕΝΟΥ ΕΝ ΤΗ ΚΞ ΑΠΟΣ........
....ΜΑΧΙΑ ΕΙΣ ΛΙΒΥΗΝ ΕΠΙ ΘΕΟΓΝΗΤΟΥ ΤΟΥ........
....ΙΠΠΑΡΧΕΩΙ ΤΩ ΑΥΤΟΚΡΑΤΟΡΙ ΓΑΙΩ..........
Ο..ΕΙΩ ΚΑΙΣΑΡΙ ΕΝ ΝΗΙ ΤΕΤΡΗΡΕΙΣΩ Τ..........
.ΩΤΙΣΘΕΝΤΑ ΕΚ ΛΙΒΥΗΣ ΚΑΙ ΑΠΑΧΘΕ..........
..ΚΑΙ ΤΗΣ ΘΕΑΣ ΕΠΑΣΗΣ ΜΟΙΚΑ..........
ΤΗΧΜΑΛΩΤΙΣΤΑΙ ΜΑΡΚΟΣ ΑΛ............
............ΓΝΩΝΕΘΙΚ..........

Hauteur, 61 cent. (1 pied 10 pouces.) Largeur, 49 cent. (17 pouces 9 lignes.)

161..**   Marbre blanc.

Un banquet funèbre, composé de quatre femmes voilées, d'un homme barbu et de deux enfans.

Au-dessous du bas-relief, étoit gravée une inscription en six lignes, dont on ne lit plus facilement aujourd'hui que la première et les deux dernières :

ΑΝΤΩΝΙΑ

. . . .

ΦΙΛΟΤΙΜΕΝΑ

ΧΑΙΡΕ

Hauteur, 55 cent. (19 pouces.) Larg., 47 cent. (17 pouc.)

162.   Marbre blanc.

Une pierre sépulchrale sans fronton et portant seulement le nom suivant.

ΝΕΟΜΗΝΙΟΣ

Hauteur, 42 cent. (15 pouces.) Larg., 16 cent. (5 pouc. ½.)

163.   Marbre blanc.

Un repas funèbre composé de trois figures ; au-dessous du bas-relief se voient quelques traces d'une inscription détruite.

Hauteur, 56 cent. (20 pouc.) Larg., 40 cent. (14 pouc. ½.)

164.*.   Marbre blanc.

Débris d'une pierre sépulchrale, dont le bas-relief représente une femme debout, regardant une jeune fille, qui tient un quadrupède suspendu par la queue.

Hauteur, 28 cent. (10 pouc.) Larg., 25 cent. (9 pouc. ½.)

165. Marbre blanc.

Pierre sépulchrale, représentant trois figures humaines couchées sur un même lit, et près d'une table chargée de divers mets.

Au-dessous du bas-relief, se distinguent quelques restes d'une inscription effacée.

Hauteur, 39 cent. (14 pouces.) Largeur, 33 cent. (1 pied.)

166. Marbre blanc.

Pierre sépulchrale ornée d'un fronton et portant l'inscription suivante.

ΔΩΝΑΤΑ
ΙΟΥΑΙ.....ΕΑΟΗΟΣ
ΘΥΓΑΤΗΡ
ΧΑΙΡΕ.

Hauteur, 64 cent. (1 pied 11 pouces.) Largeur, 42 cent. (16 pouces.)

167. Marbre blanc.

Pierre sépulchrale, représentant un homme et une femme couchés sur un même lit, près d'une table couverte de divers mets.

Hauteur, 55 cent. (1 pied.) Largeur, 23 cent. (8 pouces ½.)

168. Marbre blanc.

Un bas-relief représentant un homme, une

femme et un enfant, couchés sur un même lit et près d'une table chargée d'une coupe et d'une grappe de raisin.

Sur le bord inférieur du marbre se lit cette inscription.

ΑΙΡ·ΘΕΟ ΠΡΟΠΟΣ ΧΑΡΣΙΦΙΛΟΥ
ΠΡΟΜΟΙΡΩΣ..ΩΣΑΣ.

Hauteur, 38 cent. (13 pouc. $\frac{1}{2}$) Larg. , 42 cent. (15 pouc.)

169. Marbre blanc.

Un buste de femme, sculpté de haut-relief, dans une niche circulaire, débris d'un tombeau.

Hauteur, 42 cent. (15 pouces.) Larg., 50 cent. (1 pied $\frac{1}{2}$.)

170..** Marbre blanc.

Un bas-relief, représentant les bustes vus de face, d'un homme et d'une femme voilée.

Sous ces bustes, se lit l'inscription suivante:

ΜΙΔΙΑΣ ΣΙΝΩΠΗ ΤΗΣ ΑΙΤΟΙ ΓΥ
ΝΑΙΚΙ ΜΝΗΜΗΣ ΧΑΡΙΝ.

Midias, à la mémoire de Sinopé, sa femme.

Hauteur, 45 cent. (16 pouces.) Largeur égale à sa hauteur.

171. Marbre blanc.

Débris d'une pierre sépulchrale, représentant un repas funèbre.

Hauteur, 42 cent. (15 pouces.) Largeur inégale.

172. Marbre blanc.

Pierre sépulchrale de forme ronde, ornée d'un

bas - relief représentant un repas funèbre composé de quatre figures. On voit un poisson sur la table, placée entre les convives.

Diamètre, 53 cent. (19 pouces.)

173. Marbre blanc.

Une pierre sépulchrale, sur laquelle est sculptée une hache enfoncée dans un billot. Cette même pierre étoit autrefois décorée, dans sa partie supérieure, par un bas-relief au dessous duquel étoit une inscription grecque en dix lignes, en partie effacée.

Hauteur, 64 cent. (93 pouc.) Largeur, 33 cent. (1 pied.)

174. Marbre blanc.

Pierre sépulchrale d'un soldat représenté la tête couverte par un casque, dont le bord inférieur couvre ses épaules ; son corps est serré par une espèce de tunique d'écaille, et ses jambes sont couvertes de l'armure défensive, nommée par les Grecs, *Cnémide.*

Sa main droite tient un poignard très-court ; sa main et son avant-bras gauche sont enfoncés dans un gantelet d'une forme particulière, qui se termine vers le bas, en croissant.

Sur cette même pierre, sont gravées deux palmes et le nom suivant :

ΜΙΡΩΝ
(*Myron.*)

Hauteur, 67 cent. (2 pieds.) Larg., 33 cent. ½. (1 pied.)

175. Marbre blanc.

Une table de marbre blanc, faisant autrefois partie d'un tombeau, et portant l'inscription suivante :

ΕΝΘΑΔΕ ΤΟΝ ΑΓΡΗΓΟΡΟΝ
ΤΠΝΟΝ ΚΑΘΕΥΔΕΙ ΦΙΛΕ
ΕΙΓΝΩΜΟΝΙΟΣ ΠΡΟΤΙΚΤ·
ΤΩΝ ΓΕΝΝΑΙΟΤΑΤΑΤΩΝ
ΑΡΙΘΜΟΥ ΜΑΡΤΗΣΙΩΝ ΠΡΟ
ΑΠΕΛΘΩΝ ΤΟΥ ΚΑΘ ΗΜΑΣ
ΒΙΟΥ ΜΗΝΙ ΙΟΥΛΙΟΥ ΔΕΚΑ
ΤΗ ΙΝΔ ΕΝΔΕΚΑΤΗ ΥΠΑ
....Σ ΦΑΒΙΟΥ ΜΑΓΝΟΥ
.....ΟΥ ΜΕΓΑΛΟΠΡΕ
...............Τ✝

Ami, ici dort d'un profond sommeil Eugnomonius, protecteur (c'est-à-dire, soldat de la garde). Il étoit des plus braves, et servoit dans le corps des Martésiens ; il quitta la vie le dix du mois de Juillet, l'onzième indiction, lorsque. .....Fabius-Magnus.........le Magnifique........

Hauteur, 75 cent. (27 pouc.) Larg., 56 cent. (20 pouces.)

176. Marbre blanc.

Bustes en bas-relief et vus de face, d'un homme barbu, d'une femme voilée et d'un enfant placé entr'eux.

Près de ces bustes, se lisent les noms des personnages représentés. Ce bas-relief paroit incomplet du bas.

Hauteur, 33 cent. (1 pied.) Largeur, 42 cent. (17 pouces.)

177. Pierre.

Une pierre sépulchrale, représentant une figure humaine, du travail le plus barbare, tenant de la main droite un objet qui nous est inconnu ; autour d'elle, se voient quelques inscriptions dégradées. Au-dessous de cette figure, se lisent les mots qui suivent :

ΚΑΛΛΟΣ ΕΧΩΝ

ΚΛΩΣΑΣΑΙ ΜΟΙΡΑ ΠΕΜ

ΨΑΝ ΑΓΑΔΜΑΙ..........

ΧΑΙΡΕ.

Hauteur, 5o cent. (18 pouces.) Largeur égale à sa hauteur.

178. Marbre blanc.

Un dessus de tombeau, sur lequel est sculptée une croix, dont les branches contiennent une partie de l'inscription grecque, dont on donne ici la traduction :

Ici repose la servante du Christ, la Vierge Euphémie, ayez pitié, Seigneur, de ses frères, et protégez par votre sainte providence, son cousin, votre serviteur.

Hauteur, 69 cent. (25 pouces.) Largeur, 33 cent. (1 pied.)

179. Marbre blanc.

Trois débris de pierres sépulchrales, décorées de bas-reliefs.

INSCRIPTIONS GRECQUES.

———

180. Marbre blanc (1).

Inscription relative aux finances des Athéniens, et contenant l'état des sommes que fournirent, pendant une année, les trésoriers d'une caisse particulière.

Cette inscription célèbre et savamment expliquée (2) par l'abbé Barthélemy, est du plus haut intérêt pour l'histoire politique de la République d'Athènes. Il seroit à désirer qu'on en possédât un plus grand nombre de ce genre ; on seroit, par leur secours, plus en état de juger des ressources et des forces du peuple d'Athènes, qu'on ne peut l'être par les divers récits des historiens. Elle présente encore un autre intérêt, puisqu'elle est l'un des monumens les plus curieux qui existent pour l'histoire de la paléographie grecque, soit pour la forme des lettres, soit pour

———

(1) Ce marbre a reçu depuis sa publication, le nom de *Marbre de Choiseul*. Quelques autres monumens antiques ont également reçu, et portent encore les noms de leurs premiers possesseurs. C'est ainsi que la fameuse chronique de Paros, a conservé le nom de *Marbre d'Arundel*, etc.

(2) Mémoires de littérature, tirés des registres de l'Académie des inscriptions et belles-lettres, Tome XLVIII, pages 337 - 586.

leur nombre. On n'y voit aucune des voyelles longues, dont on ne commença à se servir sur les monumens Athéniens, que sous l'archontat d'Euclide, en l'an 403 et 402, avant J. C. La nôtre est antérieure d'environ sept ans, à cette époque; elle fut exécutée sous l'archontat de Glaucippe, en l'an 410 et 409, avant l'ère chrétienne.

Sur la partie supérieure du marbre, sont sculptées, en bas-relief, deux figures, l'une de femme et l'autre d'homme, placées aux deux côtés d'un arbre, dont les branches dépouillées de leurs feuilles, semblent avoir été coupées presque à leur naissance : la femme tient, de sa main gauche, une lance posée sur l'épaule, et de la droite, un symbole, dont il ne reste que fort peu de traces, et qu'on pourroit prendre pour un bouclier ou pour un serpent entortillé; attributs qui conviennent également à Minerve, comme on peut s'en convaincre par les médailles d'Athénes. L'homme porte sa main droite sur une branche de l'arbre, et tient un bâton de la gauche; représente-t-il Jupiter, Neptune ou Esculape? Les traits de son visage qui sont entiérement détruits, ainsi que la tête de l'autre figure, ne peuvent nous aider à le reconnoître.

Ce bas-relief, dont le travail est fort beau, n'a point été gravé.

Envoyé à Paris, en 1788, par M. Gaspari, vice-consul de France, à Athènes.

Hauteur, 1 mètre 10 cent. (3 pieds 6 pouces 9 lignes.)
Longueur, 92 cent. (2 pieds 5 lignes.)

181. Marbre blanc.

Deux fragmens précieux d'une inscription sur
les revenus publics du peuple Athénien ; on y
voit, ainsi que sur le marbre précédent, le Λ à
la place du Γ, le L, remplacer le Λ, l'E pour l'H.

Ce marbre, malheureusement très-incomplet,
est antérieur à l'archontat d'Euclide.

Hauteur, 19 cent. (7 pouces.) Larg. 33 cent. (1 pied.)

182. Marbre blanc.

Inscription grecque, rappelant les témoignages
d'estime et d'attachement, donnés à Carpus, fils
de Sotichus, par une société d'acteurs et de mu-
siciens consacrés à Bacchus, et résidans dans une
ville d'Asie.

40 lignes.

Hauteur, 74 cent. (2 pieds 2 pouces ⅞.) Largeur égale à
sa hauteur.

183. Marbre blanc.

Partie supérieure d'un cippe orné d'un fronton,
contenant douze lignes d'une inscription, dont
voici le commencement :

ΕΠΙ ΜΙΘΡΙΔΑΤΟΥ ΑΡΧΟΝΤΟΣ ΚΑΙ · · · ·

Dans le corps de l'inscription, se remarquent
les noms suivans : ΦΙΔΙΑΣ (Phidias), ΚΑΛΛΑΜΙΣ
(Callamis), ΝΙΚΑΝΔΡΟΣ (Nicandre), etc.

12 lignes.

Envoyé d'Athènes, par M. Fauvel.

Hauteur, 28 cent. (10 pouces.) Larg., 26 cent. (9 pouc. ½.)

184. Dalle de marbre blanc.

Une inscription grecque et en dialecte dorien, qui rappelle l'établissement d'une fête annuelle, et la quantité de fonds destinés à payer les casques, les boucliers et les couronnes d'or, qui doivent être portés dans une procession.

47 lignes.

Envoyé de l'Ile d'Egine, par M. Fauvel.

Hauteur, 58 cent. (21 pouces.) Larg., 36 cent. (15 pouc.)

185. Dalle de marbre blanc.

Décret du peuple Athénien, en l'honneur de Phanocrite, *Proxène* des Pariens. Dans ce décret, la ville d'Athènes lui accorde le titre de citoyen, le proclame son bienfaiteur, et ordonne que son nom soit gravé sur une colonne de marbre.

23 lignes.

Envoyé d'Athènes par M. Fauvel.

Hauteur, 41 cent. (15 pouces.) Larg., 36 cent. (13 pouc.)

186. Sur une table de marbre blanc.

Décret par lequel les Athéniens décernent une couronne d'or à Charinus, et ordonnent qu'aux fêtes de Neptune et aux Dionysiaques, il soit proclamé dans le théâtre, Archonte couronné.

Cette inscription fracturée dans quelques endroits, et particulièrement du bas, contient encore dix-huit lignes.

Trouvé à Athènes, par M. Fauvel.

Hauteur, 46 cent. (16 pouces ½.) Largeur inégale.

187. Partie supérieure d'un cippe en marbre blanc, gravé des deux côtés.

Convention entre les habitans de la ville d'*Ilion* (*Ilium recens*), et de celle de *Scamandria*, sur la vente des vivres et l'achat du bled.

Ce marbre tronqué du bas, présente encore neuf lignes sur sa face et onze autres lignes sur son revers (1).

Hauteur, 24 cent. (8 pouces 7 lignes.) Largeur, 27 cent.
(9 pouces 11 lignes.)

188. Sur une dalle de marbre blanc.

Fragment d'un autre décret du peuple d'*Ilion*, rendu en faveur des Pariens et de quelques villes grecques.

34 lignes.

Trouvé dans le cimetière du village de *Halileli*.

Hauteur, 67 cent. (2 pieds.) Larg., 25 cent. (9 pouces)

---

(1) Cette inscription a été trouvée sur l'emplacement de la ville d'*Ilion* (*Ilium recens*), dont quelques ruines subsistent encore près du village de Tchiblak, et à peu de distance de l'emplacement de l'ancienne Troie; je l'ai recueillie et rapportée en France en 1816.

189. *Sur un marbre orné d'une moulure.*

ΑΓΑΘΗΙ ΤΥΧΗΙ
ΟΥΡΑΝΙΩΝ ΠΑΝΤΩΝ ΒΑΣΙΛΕΙ ΧΑΙΡΕ ΑΦΘΙΤ ΑΝΟΥΒΙ
ΣΟΣ ΤΕ ΠΑΤΗΡ ΧΡΥΣΟΣΤΕΦΑΝΟΣ ΠΟΛΥΣΕΜΝΟΣ ΟΣΕΙΡΙΣ
ΑΥΤΟΣ ΖΕΥΣ ΚΡΟΝΙΔΗΣ ΑΥΤΟΣ ΜΕΓΑΣ ΟΒΡΙΜΟΣ ΑΜΜΩΝ
ΚΟΙΡΑΝΟΣ ΑΘΑΝΑΤΩΝ ΠΡΟΤΕΤΙΜΗΤΑΙ ΣΕ ΣΑΡΑΠΙΣ
ΣΗ ΤΕ ΜΑΚΑΙΡΑ ΘΕΑ ΜΗΤΗΡ ΠΟΛΥΩΝΙΜΟΣ ΙΣΙΣ
ΗΝ ΤΕΚΕΝ ΟΥΡΑΝΟΣ ΕΙΦΡΟΝΙΔΗΣ ΕΠΙ ΚΥΜΑΣΙ ΠΟΝΤΟΥ
ΜΑΡΜΑΡΕΟΙΣ ΘΡΕΨΕΝ Δ ΕΡΕΒΟΣ ΦΩΣ ΠΑΣΙ ΒΡΟΤΟΙΣΙ
ΠΡΕΣΒΙΣΤΗΝ ΜΑΚΑΡΩΝ ΕΝ ΟΛΥΜΠΩ ΣΚΗΠΤΡΟΝ ΕΧΟΥΣΑΝ
ΚΑΙ ΓΑΙΗΣ ΠΑΣΗΣ ΚΑΙ ΠΟΝΤΟΥ ΔΙΑΝ ΑΝΑΣΣΑΝ
ΠΑΝ ΔΕ..Η ΜΕΓΑΛΟ....Θ......ΤΕ......ΤΟΙΣΙ
. . . .

A LA BONNE FORTUNE.

*Salut, ô Roi de tous les habitans du ciel, immortel
Anubis; ainsi qu'à ton père le respectable Osiris qui porte
une couronne d'or, qui est Jupiter fils de Saturne, qui est
le grand et puissant Ammon; le Seigneur des immortels
t'a préféré à tout, toi, Sarapis, ainsi que ta bienheureuse
mère, Isis aux mille noms, que le ciel prudent a enfanté
sur les flots de marbre de la mer, et que l'Érèbe a nourri;
lumière pour tous les mortels, très-antique, et qui tient dans
l'Olympe le sceptre des bienheureux, divine reine de toute
la terre et de la mer.......* . . . .

Ce monument du culte des Divinités Égyp-
tiennes, transportées en Grece, est un des plus
importans que l'on connoisse; il nous présente
le rapport de plusieurs de ces divinités, avec celles
des Grecs; point sur lequel les auteurs anciens
nous fournissent peu de renseignemens. Cette
inscription dont les caractéres sont fort beaux,
est en vers Hexamètres : on doit regretter qu'elle

ne nous soit pas parvenue dans son entier ; toute la partie inférieure du marbre, qui étoit peut-être aussi considérable que celle que nous possédons, est entièrement perdue.

Cette inscription a été trouvée sur l'emplacement de l'ancienne *Cius*, ville d'Asie, située sur la Propontide, dans le voisinage de Cyzique. Pococke en a déjà publié une copie remplie de fautes très-grossières, *Inscript.*, p. 30, n° 18. Muratori l'a donné de nouveau, *Inscript. Antiq.*, Tom. I p. 75, d'après une copie qui lui avoit été envoyée par Bimard, seigneur de Mont-Salion. Cette nouvelle édition contient encore plus de fautes que la première ; enfin elle a été publiée trois fois par M. Jacobs, avec quelques changemens. Elle se trouve dans le T. XII de ses *Analecta*, p. 298 ; et ensuite dans le T. XIII, p. 798 du même ouvrage, et enfin, dans l'Appendix de son *Anthologia Palatina*, n° 281, Tom. II, p. 846.

Après plusieurs tentatives plus ou moins heureuses, M. Jacobs s'est décidé à lire cette inscription de cette façon :

Οὐρανίων πάντων βασιλεῦ, χαῖρ' ἄφθιτ' Ἄνουβι,
σύς τε πατὴρ χρυσοστέφανος πολύσεμνος Ὄσιρις,
αὐτὸς Ζεὺς Κρονίδης, αὐτὸς μέγας ὄβριμος Ἄμμων,
κοίρανος ἀθανάτων, πρότεη μητίεστι (1) Σάραπις,
σὴ τε μάκαιρα θεὰ μήτηρ πολυώνυμος Ἶσις,
ἣν τίκεν οὐρανὸς εὐφροσύνης ἐπὶ κύμασι πόντου

------

(1) M. Jacobs avoit lu une autre fois προγενὴς μητίεστι, mais l'inspection du marbre ne permet pas d'y lire autre chose que προτετύρπαται σε, qui présente un sens bien plus naturel.

φαρμακίης, θρέψεν δ' Ἔριδος φὰς κάτι βροτοῖσι
πρεσβύτην μακάρων ἐν Ὀλύμπῳ τέκτρον ἔχουσαν,
καὶ γαίης πάσης καὶ πόντου δίαν ἄνασσαν.

Tous les savans qui ont fait connoître cette inscription, ont cru qu'elle se terminoit à ce vers.
M. Visconti s'en étoit aussi occupé, et il avoit
à son sujet, composé un mémoire dont nous
ignorons le contenu, et qu'il avoit lu à l'Académie
des Inscriptions et belles-lettres.

Hauteur, 38 cent. (15 pouc.) Larg., 58 cent. (21 pouces.)

190. Sur un fragment d'architrave en marbre blanc.

Ο ΔΗΜΟΣ ΛΥΣΙΚΛΗΝ ΚΑΛΛΙΣΘΕΝΟΥ
ΑΝΔΡΑ ΑΓΑΘΟΝ ΟΝΤΑ ΠΕΡΙ ΤΟΝ ΔΗΜΟΝ
ΚΑΙ ΕΥΕΡΓΕΤΗΝ ΚΑΙ ΣΩΤΗΡΑ ΤΟΥ ΔΗΜΟΥ.

*Le Peuple, à Lysiclès, fils de Callisthène, homme excel-
lent envers le Peuple, bienfaisant et Sauveur du Peuple.*

Hauteur, 19 cent. (7 pouces.) Larg., 78 cent. (2 pieds 4 p.)

191. Sur une table de marbre blanc.

ΘΕΟΜΝΗΣΤΟΣ ΘΕΟΜΝΗΣΤΟΥ ΞΥΠΕΤΑΙΩΝ
ΣΤΡΑΤΗΓΟΣ ΧΕΙΡΟΤΟΝΗΘΕΙΣ ΥΠΟ ΤΟΥ ΔΗΜΟΥ
ΕΠΙ ΤΗΝ ΧΩΡΑΝ ΤΗΝ ΠΑΡΑΛΙΑΝ ΕΠΙ
ΜΕΝΕΚΡΑΤΟΥ ΑΡΧΟΝΤΟΣ ΑΝΕΘΗΚΕΝ.

*Théomneste, fils de Théomneste de Xypété, Stratège de
la Paralie, élu par le suffrage du peuple, Ménécrate étant
archonte, a consacré (ce monument.)*

Ce marbre a été trouvé sur le Cap Sunium,
par M. Fauvel.

Hauteur, 11 cent. (4 pouces.) Largeur, 65 cent. (2 pieds
3 pouces.)

192. Sur une dalle de marbre blanc.

ΙΛΙΕΙΣ ΚΑΙ ΑΙ ΠΟΛΕΙΣ ΑΙ ΚΟΙΝΩΝΟΥΣΑΙ ΤΗΣ . . . . .
ΣΙΑΣ ΚΑΙ ΤΟΥ ΑΓΩΝΟΣ ΚΑΙ ΤΗΣ ΠΑΝΗΓΙΡΕ . . . . .
ΑΥΤΟΚΡΑΤΟΡΑ ΚΑΙΣΑΡΑ ΘΕΟΥ ΥΙΟΝ ΘΕΟΝ ΣΕ . . .
ΣΤΟΝ ΑΝΥΠΕΡΒΛΗΤΟΙΣ ΠΡΑΞΕΣΙΝ ΚΕΧ . . . .
ΜΕΝΟΝ ΚΑΙ ΕΥΕΡΓΕΣΙΑΙΣ ΤΑΙΣ ΕΙΣ ΑΠ . . . .
ΤΑΣ ΑΝΘΡΩΠΟΥΣ

ΙΠΠΑΡΧΟΣ ΗΓΗΣΙΔΗΜΟΥ ΙΛΙΕΥΣ ΣΥΝΕΔ . . . . .
ΟΝ ΤΟΝ ΑΝΔΡΙΑΝΤΑ ΑΝΕΘΗΚΕΝ ΕΚ ΤΩΝ ΙΔ . . . . .
ΔΙΑ ΤΗΝ ΠΡΟΣ ΤΟΝ ΣΕΒΑΣΤΟΝ ΚΑΙ ΕΥΕΡΓΕ . . .
ΚΑΙ ΣΩΤΗΡΑ ΕΑΥΤΟΥ ΕΥΣΕΒΗΑΝ.

Par les Iliens et les citoyens de la ville qui participent aux sacrifices, aux jeux et aux assemblées publiques.

L'empereur César, fils de Dieu, Dieu Auguste, illustre par ses actions étonnantes et par ses bienfaits envers tous les hommes.

Hipparque, fils d'Hégésidème, d'Ilium, membre du conseil, a consacré cette statue de son propre argent, à cause de sa piété envers Auguste, son bienfaiteur et son sauveur.

Cette inscription, déjà publiée par M. le chevalier, a été recueillie dans le cimetière de *Halileli*, village Turc, voisin de l'emplacement de la ville d'*Ilium* (1).

Hauteur, 75 cent. (2 pieds 3 pouces.) Largeur, 81 cent. (2 pieds 5 pouces.)

———

(1) *Voyage de la Troade*. Tome III, pag. 3o5.
Le cimetière de *Halileli* ne renferme pas les ruines d'un édifice particulier, ainsi que le présume M. Lechevalier;

193.   Sur un fragment de colonne en marbre blanc(1).

Liste de Magistrats d'Athènes, parmi lesquels se trouvent les noms d'Antiochus fils d'Ephestion, *Prytane*; de Leonidès et de Dorothéus, *Stratèges*; de Zosime fils d'Epiphanes, *Hypostratège*; d'Arcelilas, *Gymnasiarque*, etc.

22 lignes.

Hauteur, 95 cent. (2 pieds 10 pouces.) Diamètre, 44 cent. (1 pied 4 pouces.)

194.   Sur une dalle de marbre blanc.

Noms d'un Archonte-Roi, d'un Polémarque, de six Thesmothètes, et d'un Hérault de l'Aréopage : les noms de ces divers Magistrats sont accompagnés de ceux de leurs pères, et de l'indication des lieux où ils sont nés.

Chandler a publié cette inscription. V. *Inscriptiones*, *etc.*, page 59.

Envoyé d'Athènes, par M. Fauvel.

Hauteur, 57 cent. (1 pied 8 pouces ½.) Largeur égale à sa hauteur.

---

les marbres qu'il contient sont tous enlevés des ruines de la ville d'*Ilium*, qui a fourni également les antiquités précieuses que recèlent encore les villages de Koum-Keuy et de Tchihlak, également voisins de cette ville.

(1) Sur le derrière du même cippe, se voient les restes d'une grande inscription effacée.

195. Sur un fragment de colonne en marbre blanc.

Une liste de divers Magistrats d'Athènes, parmi lesquels on distingue ceux de Cléophrades, d'Epaphrodites, de Sotichus, etc.

19 lignes.

Trouvé au Port Pirée, par M. Fauvel.

Hauteur, 1 mètre 17 cent. (3 pieds ½.) Diamètre, 53 cent. (1 pied 7 pouces.)

196. Sur un fragment de colonne en marbre blanc (1).

ΑΡΧΟΝΤΟΣ ΑΝΤΙΓΟΝΟΥ ΟΙΔΕ......ΑΝ ΤΗΝ
ΠΡΩΤΗΝ ΕΞΑΜΗΝΟΝ ΓΡΑΜΜΑΤΟΥΣ ΒΟΥ
ΛΗΣ ΧΑΡΜΕΝΙΔΗΣ ΣΩΣ.......ΠΡΥΤΑΝΕΙΣ
ΑΡΙΣΤΩΝ ΑΡΤΕΜΙΔΩΡΟΥ ΚΛΕΟΔΗΜΟΣ ΚΛΕΟ
ΔΗΜΟΙ ΑΦΡΟΔΙΣΙΟΣ ΣΩΤΑΔΟΙ ΣΤΡΑΤΗΓΟΙ
ΕΥΦΙΛΗΤΟΣ ΚΛΕΟΦΡΑΔΟΙ ΕΠΑΦΡΟΔΙΤΟΣ
ΣΩΤΙΧΟΥ ΦΙΛΙΝΟΣ ΠΡΩΤΟΜΑΧΟΥ ΕΠΙΤΙΝ
ΧΑΝΩΝ ΑΘΗΝΙΩΝΟΣ ΤΙΜΟΚΛΗΣ ΣΑΤΥΡΟΙ
ΦΙΛΙΝΟΣ ΑΝΤΙΜΕΔΟΝΤΟΣ ΥΠΟΣΤΡΑΤΗΓΟΣ

Sous Antigone, fils de ...., Archonte pendant le premier semestre, le secrétaire du Sénat étoit Charmenides, fils de Sos........ les Prytanes étoient:

> *Ariston, fils d'Artémidore.*
> *Cléodème, fils de Cléodème.*
> *Aphrodisius, fils de Sotade.*

Les Stratèges étoient:

> *Euphilète, fils de Cléophrade.*
> *Epaphrodite, fils de Sotichus.*

---

(1) Ce cippe portoit une autre inscription plus ancienne, qui est maintenant détruite.

Philinus , fils de Protomaque.
Epitynchanon , fils d'Athénion.
Timoclès , fils de Satyrus.
Philinus , fils d'Antimédon ,
Hypostratège.

Trouvé au Port Pirée (aujourd'hui *Porto-Leone*),
près d'Athènes , par M. Fauvel.

Hauteur, 90 cent. (2 pieds 8 pouces ½.) Diamèt., 40 cent.
(1 pied ⅓.)

197. Sur un fragment de colonne en marbre blanc.

ΥΠΕΡ ΤΗΣ ΤΟΥ ΜΕΓΙΣΤΟΥ δ
ΚΑΙ ΘΕΩΝ ΕΝΦΑΝΕΣΤΑΤΟΥ
ΑΥΤΟΚΡΑΤΟΡΟΣ ΝΕΡΒΑ ΤΡΑΙΑΝΟΥ
ΚΑΙΣΑΡΟΣ ΣΕΒΑΣΤΟΥ ΓΕΡΜΑΝΙΚΟΥ
ΔΑΚΙΚΟΥ ΥΓΕΙΑΣ ΚΑΙ ΔΙΑΜΟΝΗΣ·ΚΑΙ
ΙΕΡΑΣ ΣΥΝΚΛΗΤΟΥ·ΚΑΙ ΔΗΜΟΥ ΡΩΜΑΙΩΝ
ΟΜΟΝΟΙΑΣ·ΑΓΑΘΟΠΟΥΣ ΕΥΤΥΧΟΥ
ΚΑΙ ΠΟΛΥΟΥΧΟΣ ΚΑΙ ΑΡΙΣΤΟΔΛΜΟΣ
ΟΙ ΚΑΡΠΙΔΑΜΑ ΤΗΝ ΣΤΟΑΝ ΕΣΤΕΙΑΣΑΝ
ΕΚ ΤΩΝ ΙΔΙΩΝ ΤΗΝ ΤΩΝ ΞΙΑΩΝ ΚΑΙ ΤΩΝ
ΣΤΡΩΤΗΡΩΝ ΥΛΗΝ ΚΑΙ ΤΗΝ ΕΠΑΚΟΛΟΥΘΟΥ
ΣΑΝ ΕΙΣ ΤΗΝ ΣΤΕΓΗΝ ΔΑΠΑΝΗΝ ΠΑΣΑΝ ΠΑ
ΡΑΣΧΟΜΕΝΟΙ ΚΑΤΑ ΔΩΡΕΑΝ ¸ ΤΗΝ ΔΕ ΠΕ
ΡΙ ΛΕΙΠΟΜΕΝΗΝ ΕΚ ΤΗΣ ΠΡΩΤΗΣ ΣΤΕΓΗΣ
ΞΥΛΙΚΗΝ ΥΛΗΝ ΕΞΕΧΩΡΗΣΑΝ ΤΗ ΠΟΛΕΙ
ΠΡΟΣ ΤΟ ΕΚ ΤΟΥΤΩΝ ΤΩΝ ΞΙΑΩΝ ΚΑΙ Ε
ΤΕΡΑ ΤΩΝ ΚΑΤΕΠΕΙΓΟΝΤΩΝ ΚΑΙ ΚΑΤΗ
ΡΕΙΜΜΕΝΩΝ ΕΡΓΩΝ ΔΙΟΡΘΩΣΕΩΣ
ΤΥΧΕΙΝ.

Pour le salut et le long règne du plus grand des Empe-
reurs , l'image la plus manifeste de la divinité , Nerva
Trajan César Auguste, le germanique , le dacique ; pour
le sacré Sénat , et la concorde du peuple romain. Agathopus

*fils d'Eutychès, Polyouque et Aristodème, fils de Cari-
dème, ont à leurs frais rebâti ce portique, en fournissant
gratuitement les matériaux pour les poutres et les plafonds,
et fait toute la dépense nécessaire pour la construction du
toit : ils ont abandonné à la ville la charpente de bois restant
de l'ancienne toiture, afin que l'on pût, de ce bois, réparer
encore d'autres monumens, tant ceux qui menaçoient ruine,
que ceux qui étoient déjà tombés.*

Cette inscription est gravée sur les deux tam-
bours d'une colonne en marbre blanc, qui faisoit
partie du portique, où a été trouvée la belle statue
de femme, décrite sous le n.º 41 (1).

Hauteur, 1 mètre 28 cent. (5 pieds 9 pouces ½.) Diamètre,
55 cent. (1 pied 7 pouces.)

198. Sur une dalle de marbre blanc, brisée en trois
morceaux.

ΜΗΤΗΡ ΜΑΡΚΙΑΝΟΥ ΘΙΓΑΤΗΡ ΔΗΜΗΤΡΙΟΙ ΕΙΜΙ
ΟΤΝΟΜΑ ΣΙΓΑΣΘΩ ΤΟΙΤ ΑΠΟΚΛΗΙΖΟΜΕΝΗ
ΕΙΤΕ ΜΕ ΚΕΚΡΟΠΙΔΑΙ ΔΗΙΟΙ (2) ΘΕΣΑΝ ΙΕΡΟΦΑΝΤΙΝ
ΑΙΤΗ ΑΜΔΙΜΑΚΕΤΟΙΣ ΕΓΚΑΤΕΚΡΙΨΑ ΒΙΘΟΙΣ
ΟΓΚ ΕΜΤΗΣΑ Δ ΕΓΩ ΛΑΚΕΔΑΙΜΟΝΙΗΣ ΤΕΚΝΑ ΛΗΔΗΣ
ΟΙΔΕ ΤΟΝ ΕΓΡΑΜΕΝΟΝ ΠΑΓΣΙΝΟΣΟΓΣ ΑΚΕΣΕς
ΟΙΔΕ ΤΟΝ ΕΓΡΓΣΘΗΙ ΔΓΩΔΕΚΑ ΠΑΝΤΑΣ ΛΕΘΛΟς
ΕΞΑΝΓΣΑΝΤΑ ΜΟΓΩΙ ΚΑΡΤΕΡΟΝ ΗΡΑΚλεεσυντα
ΤΟΝ ΧΘΟΝΟΣ ΕΓΡΙΧΩΡΟΓ ΔΕ ΚΑΙ ΑΓΡΙΓΕΤης μεδίοντα

---

(1) J'ai rétabli la moitié de la quinzième ligne qui est pré-
sentement détruite, en me servant d'une copie que j'avois
faite de ce marbre, il y a quelques années.

(2) Le marbre porte en cet endroit : ΔΗΙΟΙ, et non pas
ΔΗΟΙ, ainsi qu'on le voit dans les diverses copies publiées par
M. d'Ansse de Villoison.

ΤΩΝ ΚΑΙ ΑΠΕΙΡΕΣΙΩΝ ΚΟΙΡΑΝΟΝ ΗΜΕΡΙΩΝ
ΑΣΠΕΤΟΝ ΩΣ ΠΑΣΑΙΣ ΠΛΟΥΤΟΝ ΚΑΤΕΧΕΤΕ ΠΟΛΕΣΣΙΝ
ΑΔΡΙΑΝΟΝ ΚΛΕΙΝΗ; ΔΕΞΟΧΑ ΚΕΚΡΟΠΙΗΣ

Je suis la mère de Marcien et la fille de Démétrius ; que mon nom soit caché, puisque séparée du vulgaire depuis que les Cécropides m'ont créée prêtresse de Cérès, j'ai été même plongée dans d'immenses abîmes. Je n'ai point initié les Spartiates, fils de Léda, ni le mortel qui découvrit des remèdes propres à calmer les maladies, ni le fort Hercule qui supporta avec la plus grande peine, les douze travaux d'Eurysthée ; mais (j'ai initié) Adrien, maître de la terre spacieuse et de la mer, roi d'une quantité innombrable de mortels, qui répand un fleuve très-abondant de richesses sur plusieurs villes, et particulièrement sur l'illustre cité d'Athènes.

Cette inscription singulière et très-curieuse est composée de douze vers hexamètres et pentamètres (1) Un fragment qui est aujourd'hui perdu, rend incomplets les vers 6, 7, 8, 9, 10.

Hauteur, 75 cent. (2 pieds 4 pouces.) Longueur, 77 cent. (2 pieds 1 pouce ½.)

199. Sur un petit piédestal en marbre blanc.

ΜΕΝΟΦΙΛΟΣ
ΘΕΜΙΣΤΟΔΑΜΟΙ

---

(1) Elle a été publiée par M. d'Ansse de Villoison, dans ses Prolégomènes d'Homère, p. 55, reproduite par le même dans les mémoires de l'Académie des inscriptions, Tom. XLVII, pag. 330, par M. Schow, *Charta Papyracea Musei Borgiani*, Rome, 1788, pag. 78, par feu M. Visconti, *Museo Pio Clementino*, Tome IV, page 43.

ΥΠΟΓΥΜΝΑΣΙΑΡΧΩΝ

ΕΡΜΑΙ

Ménophile , fils de Thémistedème , hypogymnasiarque , à
Mercure.

Au-dessous de la même inscription , et sur deux
autres côtés de ce piédestal , se voit encore de
courtes inscriptions ; l'une offre le nom d'un certain Nicanor (ΝΙΚΑΝΟΡ) ; l'autre , celui d'Apollonius , dont on ne distingue que les lettres suivantes :
(ΑΠΟΛΛΩΝ...)

Hauteur , 15 cent. (9 pouces.) Longueur , 5o cent.
(11 pouces.)

200. Sur le devant d'un piédestal en marbre blanc.

ΑΥΤΟΚΡΑΤΟΡΙ ΤΡΑΙΑ

ΝΩ ΑΔΡΙΑΝΩ ΚΑΙΣΑΡΙ

ΣΕΒΑΣΤΩ ΟΛΥΜΠΙ

Ω ΣΩΤΗΡΙ ΚΑΙ

ΚΤΙΣΤΗ.

A l'Empereur Trajan Adrien , César, Auguste , Olympien,
sauveur et fondateur.

Envoyé d'Athènes , par M. Fauvel.

Hauteur , 5o cent. (18 pouces.) Long. , 41 cent. (15 pouces.)

201. Marbre blanc.

Fragment d'une inscription , contenant le commencement de onze lignes.

Hauteur , 84 cent. (2 pieds ½) Long. , 44 cent. (16 pouces.)

6.

202. Marbre blanc.

Un fragment inégal, contenant des noms d'hommes, partagés en trois colonnes.

Trouvé à Marathon, par M. Fauvel.

Hauteur, 28 cent. (10 pouces.) Longueur, 31 cent. (11 pouces.)

203. Sur une table de marbre blanc, sciée de la gaîne d'un hermès (1).

ΠΑΡΑ ΑΡΕΟΠΑΓΕΙΤΩΝ
ΑΙΤΗΣΑΜΕΝΟΙ ΟΙ ΕΠΙ ΑΥ
ΚΟΜΗΔΟΙΣ ΑΡΧΟΝΤΟΣ
ΕΦΗΒΟΙ ΔΙΑ ΤΟΥ ΚΟΣΜΗ
ΤΟΥ ΑΥΤΩΝ Π·ΑΙΛΙΟΥ ΘΕ
ΟΦΙΛΟΥ ΠΑΡΑΔΟΞΟΥ ΣΟΥ
ΝΙΕΟΣ ΤΟΝ ΔΙΑ ΒΙΟΥ ΠΑΙ
ΔΟΤΡΙΒΗΝ ΤΩΝ ΕΦΗΒΩΝ
ΑΒΑΣΚΑΝΤΟΝ ΕΙΜΟΛΠΟΥ
ΚΗΦΕΙΣΙΕΑ

Sous l'archonte Lycomède, les jeunes gens ont demandé aux Aréopagites, par la voie de leur Cosmète Publius Ælius Théophile, fils de Paradoxus de Sunium, qu'on leur donnât Abascantus, fils d'Eumolpe, de la tribu de Céphisia, pour Pædotribe à vie (2).

---

(1) Au-dessous de l'inscription se voyoit autrefois un *phallus* qui a été détruit par les Turcs, peu avant l'enlèvement de ce marbre. Le même objet se remarque sur la gaîne d'un autre hermès, qui fait partie de la collection d'Oxford. V. *Marmora Oxoniensia*, 2.me partie, Pl. IX, n° 61.

(2) Les *Pædotribes* étoient des instituteurs qui, dans tous les gymnases, dressoient les élèves aux différens exercices; ils étoient nommés, ou du moins approuvés, par l'aréopage.

Trouvé aux environs d'Athènes, par M. Fauvel.

Hauteur, 35 cent. (1 pied.) Longueur, 89 cent. (2 pieds
8 pouces.)

204.   Sur un morceau d'architrave en marbre blanc.

ΜΗΝΟΣ ΔΕΙΟΥ·Δ·Η ΑΝΑΒΑΣΙΣ ΤΗΣ ΘΕΟΥ ΤΗ·Ζ

Η ΥΔΡΟΠΟΣΙΑ ΜΗΝΟΣ ΙΟΥΛΑΙΟΥ ΝΟΥΜΗΝΙΑ·

Η ΠΟΜΠΗ ΕΚ ΠΡΥΤΑΝΕΙΟΥ·Ι

ΤΑ ΝΕΩΜΑΤΑ ΜΗΝΟΣ ΑΠΟΛΛΩΝΙΟΥ·ΙΕ

Η ΔΥΣΙΣ ΤΗΣ ΘΕΟΥ ΜΗΝΟΣ ΗΦΑΙΣΤΙΟΥ·Δ

Η ΚΑΤΑΚΛΗΣΙΣ ΜΗΝΟΣ ΠΟΣΙΔΕΙΟΥ·ΙΕ

ΚΑΤΑΚΕΛΕΙΣΙΝ ΤΗΣ ΘΕΟΥ ΑΡΙΣΤΙΠΠΟΣ ΑΡΙΣΤΙΠΠΟΥ

ΕΠΕΓΡΑΨΑ

c'est-à-dire,

. . . .

Du mois de Dius , le 4. L'Ascension de la déesse , le 6.
La fête Hydroposia , à la nouvelle lune du mois Julius.
La procession du Prytanée , le 10.
Les jachères , du mois Apollonius , le 15.
Le coucher de la déesse , du mois Hephæstius , le 4.
La convocation générale , du mois Posidæus , le 15.
Aristippe , fils d'Aristippe , a inscrit ceci par l'ordre de
* la Déesse.*

Ce marbre paroît être, à ce que nous pensons,
la partie inférieure du calendrier d'un peuple Grec
de l'Asie mineure.

Hauteur , 25 cent. (9 pouces. ½) Long. , 78 cent. (2 pieds
4 pouces.)

205. Marbre blanc.

Inscription gravée en l'honneur de Fl. Clitos-

thène-Julianus, Asiarque, par le sénat et le peuple
de Théra.

ΑΓΑΘΗ ΤΥΧΗ

Η ΒΟΤΛΗ ΚΑΙ Ο

ΔΗΜΟΣ Ο ΘΗ

ΡΑΙΩΝ ΦΑ

ΚΛΕΙΤΟΣΘΕ

ΝΗΝ ΙΟΤΛΙΑ

ΝΟΝ ΦΙΛΟΣΕ

ΒΑΣΤΟΝ ΑΣΙΑΡ

ΧΗΝ ΝΑΩΝΤΩΝ

ΕΝ ΕΦΕΣΩ ΤΙΝ Α

ΠΟ ΠΡΟΓΟΝΩΝ ΕΤ

ΕΡΓΕΤΗΝ ΓΗΣ ΠΑ

ΤΡΙΔΟΣ

c'est-à-dire :

Le peuple et le sénat des Théréens.

*Flavius Clitosthènes Julianus, ami d'Auguste, Asiarque,
qui étoit par ses ayeux originaire d'Ephèse, bienfaiteur
de sa patrie.*

Trouvé à Santorin, par M. Fauvel.

Hauteur, 1 mètre (5 pieds.) Long., 55 cent. (1 pied
7 pouces.)

206. Sur une table de marbre blanc.

Décret des Grecs établis près du fleuve Méandre,
et venus originairement de la Thessalie, qui ex-
prime leur reconnoissance envers les villes Ionien-
nes, Doriques et Eoliennes des environs.

Cette inscription précieuse, dont il ne reste
plus que onze lignes, paroît avoir été gravée sous

le règne de l'Empereur Antonin (*T. Ælius Adria-
nus Antonius*), dont le nom s'y trouve rapporté (1).

ΑΓΑΘΗΙ·ΤΥΧΙΗΙ ΛΕΥΚΙΠΠΟΣ
.ΜΑΤΟ ΓΕΝΟΜΕΝΟΣ ΥΠΟ ΤΩΝ ΠΑΝΕΛΛΗΝΩΝ
.ΠΡΟΣ ΤΩ ΜΑΙΑΝΔΡΩ ΠΟΤΑΜΩ ΑΠΟΙΚΟΙ
.ΤΩΝ ΕΝ ΘΕΣΣΑΛΙΑ ΠΡΩΤΟΙ ΕΛΛΗΝΩΝ
.ΤΗΝ ΑΣΙΑΝ ΚΑΙ ΚΑΤΟΙΚΗΣΑΝΤΕΣ ΣΙΝ Α
.ΠΟΛΛΑΚΙΣ ΙΩΣΙ ΚΑΙ ΔΩΡΙΕΥΣΙ ΚΑΙ ΤΟΙΣ Ε
.ΕΝΟΙΣ ΑΙΟΛΕΥΣΙ ΤΙΜΗΘΕΝΤΕΣ ΚΑΙ ΥΠΟ
.ΑΙΩΝ ΔΙΑ ΣΕ ΠΟΙΗΣΑΝΤΟΣ ΥΜΜΑ
.ΩΡΕΩΝ ΚΕΛΙΡΕ ΤΩΝ ΤΥΧΟΝΤΕΣ Τ
.ΡΙΑΝΟΥ ΠΑΤΡΟΣ Τ̄ · ΑΙΛΙΟΥ ΚΑΙΣΑΡΟΣ
.ΡΟΣ ΑΔΡΙΑΝΟΥ ΑΝΤΩΝΙΝΟΥ ΤΑΣ

. . . .

Envoyé d'Athénes, par M. Fauvel.

Hauteur, 47 cent. (1 pied 5 pouces.) Longueur, 56 cent.
(20 pouces.)

207.   Sur un cippe en marbre blanc.

Inscription gravée d'après l'ordre du vénérable
tribunal de l'Aréopage, pour Aurelia Magna,
nommée aussi Hermione, dont le père et la mère
sont Aurelius Epaphrodités, fils d'Asclépiadés,

---

(1) Une fracture du marbre a détruit les premières lettres
de chacune des lignes. J'ai rétabli d'après une ancienne copie
que j'avois faite, deux lacunes qui se trouvent aujourd'hui
dans la partie supérieure de l'inscription.

du bourg de Pitthos, et Aurelia Magna, du même bourg.

ΚΑΤΑ ΤΟ ΕΠΕ

ΡΩΤΗΜΑ ΤΩΝ Σ

ΜΝΟΤΑΤΩΝ Α

ΡΕΟΠΑΓΕΙΤΩΝ

ΤΗΝ ΑΦ ΕΣΤΙΑΣ

ΑΥΡ ΜΑΓΝΑΝ

ΤΗΝ ΚΑΙ ΕΡΜΙΟ

ΝΗΝ ΟΙ ΓΟΝΕΙΣ

ΑΥΡ ΕΠΑΦΡΟ

ΔΕΙΤΟΣ ΑΣΚΛΗ

ΠΙΑΔΟΥ ΠΙΤΘΕΥΣ

ΚΑΙ ΑΥΡ ΜΑΓΝΑ

ΕΚ ΠΙΤΘΕΩΝ

Cette inscription a déjà été publiée par d'Ansse de Villoison. V. *Mémoire sur quelques inscriptions inconnues, ou publiées inexactement*, dans les Mémoires de l'Académie des inscriptions et belles-lettres, tome XLVII, page 332.

Trouvé à Eleusis, par M. Fauvel.

Hauteur, 1 mètre 20 cent. (5 pieds 7 pouces.) Largeur, 30 cent. (11 pouces.)

208. Sur une table de marbre blanc.

Liste des Ephèbes d'Athènes, faite sous l'Archonte Eponyme, Casianus Apollonius ; l'Archonte Roi, Caius-Julius-Cassius ; le Stratège Lucius Encærus, et le hérault Gorgias.

Ce marbre qui a été envoyé d'Athènes, a été publié par Chandler. V. *Inscriptiones*, etc. ; page 64, n°. 58.

Il est fragmenté par le bas, et il contient trente lignes.

Hauteur, 51 cent. (1 pied 6 pouces ½.) Largeur, 75 cent. (1 pied 11 pouces ½.)

209. Sur un fragment d'architecture en marbre blanc.

O ΔΑΜΟΣ
ΕΤΙΜΑΣΕ ΤΙΒΕΡΙΟΝ ΚΛΑΥΔΙΟΝ ΑΓΑΘΦ.....
ΝΟΥΣ ΤΟΝ ΚΥΡΗΝΙΑ ΜΕΔΟΝΤΑ

Comme cette inscription en dialecte dorien, n'est pas entière, nous n'avons pu en donner la traduction. Nous croyons qu'elle vient de l'île de Santorin (Théra).

Hauteur, 25 cent. (9 pouces.) Larg., 1 mètre (3 pieds.)

210. Sur un piédestal en marbre blanc.

Une inscription en six vers hexamètres, composée en l'honneur de Menalippe, joueur de flûte, qui remporta douze fois le prix dans les jeux publics.

Le monument auquel appartenoit cette inscription, dont les caractères sont fort beaux, fut élevé à Menalippe, par Gryllus et Zoë, ses enfans.

Sur le côté du même marbre, est gravée une inscription du moyen âge en grec, qui contient le contrat d'achat d'une vigne plantée autour d'un cimetière, et qui appartenoit à un nommé Manuel

Ducas, par *l'Hégoumène* (abbé) Agathon et tous les frères de son monastère.

13 lignes.

> Hauteur, 51 cent. (2 pieds 3 pouces.) Largeur, 74 cent. (1 pied 6 pouces ½).

211. Sur une base en marbre blanc.

ΔΗΜΗΤΡΙ ΚΑΙ ΚΟΡΗ
ΦΑΒΙΟΣ
ΔΑΔΟΥΧΟΣ

A Cérès et à sa fille, Fabius dadouque (1).

Une inscription semblable se lit au revers du même marbre.

Trouvé à Eleusis, par M. Fauvel.

> Hauteur, 40 cent. (1 pied 3 pouces.) Largeur, 44 cent. (8 pouces ½.)

212. Marbre blanc.

Une inscription grecque, dans laquelle Démon, fils de Démomélus, consacre à Esculape sa personne, son jardin et sa maison.

6 lignes.

Sur le même marbre et derrière l'inscription, est une sculpture du moyen âge, représentant un oiseau chimérique.

Envoyé d'Athènes, par M. Fauvel.

> Hauteur, 56 cent. (15 pouces.) Largeur, 58 cent. (1 pied 9 pouces.)

---

(1) *Dadouque*, ou *porte flambeau* dans les cérémonies sacrées.

213. Dalle de marbre blanc.

Compte rendu au peuple Athénien, sur les dépenses occasionnées par plusieurs fêtes publiques.

40 lignes.

> Hauteur, 61 cent. (1 pied 10 pouces.) Largeur, 30 cent. (11 pouces.)

214. Sur une grande dalle de marbre blanc.

Décret du peuple d'*Alexandria-Troas.*

Le marbre qui contient ce décret, étant incomplet et très-usé, ne permet pas de donner ici beaucoup d'éclaircissemens sur l'inscription qu'il contient

30 lignes.

Trouvé à *Alexandria-Troas.*

> Hauteur, 91 cent. (2 pieds 9 pouces.) Largeur, 95 cent. (2 pieds 10 pouces.)

215. Sur un petit montant carré, en marbre blanc.

Fragment d'une inscription où il est question d'une assemblée sacrée, au sein de laquelle Ménécrate étoit magistrat pour la seconde fois.

15 lignes.

> Hauteur, 30 cent. (1 pied ½.) Larg., 14 cent. (5 pouces ½.)

216. Sur une dalle épaisse, en marbre blanc.

Ο ΔΗΜΟΣ   ΟΙ ΝΕΟΙ
ΑΡΙΣΤΟΞΕΝΟΝ ΔΗΜΟΦΩΝΤΟΣ

Le peuple et les jeunes gens, à Aristoxène, fils de Démophon.

Trouvé à Athènes, par M. Fauvel.

> Hauteur, 75 cent. (27 pouces.) Largeur , 50 cent. (1 pied
> 6 pouces.)

217. Sur un fragment de dalle en marbre blanc.

Décret du peuple d'*Alexandria-Troas*, en l'honneur d'Appelles, fils d'Hermius, habitant d'*Ilium*.

Le même marbre portoit encore d'autres noms qui sont détruits.

Trouvé à Alexandria-Troas.

> Hauteur, (15 pouces.) Largeur inégale.

218. Sur un fragment en marbre blanc.

Une liste de noms d'hommes, rangés en colonnes, et précédés de la désignation de leurs tribus (1).

Le revers du même marbre contient les noms de vainqueurs dans divers jeux publics.

Trouvé à Athènes, par M. Fauvel.

> Hauteur, 50 cent. (11 pouces.) Larg. , 50 cent. (1 pied ½.)

219. Sur un débris de dalle en marbre blanc.

Partie inférieure d'une inscription contenant divers noms.

Trouvé à Athènes, par M. Fauvel.

> Hauteur, 58 cent. (14 pouc.) Largeur, 22 cent. (8 ponc.)

----

(1) *Acamantide , Adrienne et Antiochide.*

220. Marbre blanc.

Fragment d'une inscription en dix-neuf lignes
et en petits caractères.

> Hauteur, 28 cent. (10 pouces.) Larg., 20 cent. (7 pouces.)

221. Marbre blanc.

Débris d'une inscription en douze lignes et en
petits caractères.

> Hauteur, 28 cent. (10 pouces.) Larg., 15 cent. (5 pouc.)

222. Marbre blanc.

Un fragment d'inscription en douze lignes.

> Hauteur, 45 cent. (16 pouces ½.) Larg., 35 cent. (1 pied.)

223. Marbre blanc.

Débris d'une inscription présentant différens
noms.
20 lignes.

> Hauteur, 32 cent. (11 pouces ½.) Larg., 35 cent. (1 pied.)

224. Marbre blanc.

Fragment en 9 lignes.

> Hauteur, 26 centim. (9 pouces ½.) Largeur, 21 cent.
> (7 pouces ½.)

225. Dalle de marbre blanc.

Fin d'une inscription en trois lignes.

> Hauteur, 66 cent. (2 pieds.) Larg., 41 cent. (15 pouces.)

226. Sur une table de marbre veiné de diverses couleurs.

Une inscription fort usée, sur laquelle on lit difficilement ce qui suit :

KAPTINIKOΣ
AN . . . . Σ
ΘΕΑΝΟΓΟΣ
ΤΟΝ ΑΝΑΡΙΑΝΤΑ
ΔΙΟΝΥΣΩΙ
ΣΙΜΟΣ ΘΕΜΙΣΤΟΚΡΑΤΟΓΣ
ΣΑΛΑΜΗΝΙΟΣ ΕΠΟΙΗΣΕ.

Cette dalle étoit, sans doute dans l'origine, appliquée sur le piédestal d'une statue consacrée à Bacchus, par un certain Cartinicus, et qui étoit l'ouvrage de Simus, fils de Themistocrate de Salamine.

Hauteur, 30 cent. (11 pouc.) Larg., 51 cent. (18 pouc. ½)

227. Sur une table en marbre blanc.

Un décret incomplet du milieu, et dont les deux parties qui restent, sont très-usées.

4 lignes.

Hauteur, 16 cent. (6 pouces.) Largeur, 55 cent. (1 pied 8 pouces.)

228. Marbre blanc.

Un débris d'inscription en huit lignes.

Hauteur, 38 centim. (14 pouces.) Largeur, 35 cent. (13 pouces.)

229. Marbre blanc.

Une inscription très-fruste, en 9 lignes.

Hauteur, 55 cent. (11 pouces ½) Larg., 55 cent. (1 pied 8 pouces.)

230. Sur un fragment d'architrave en marbre blanc.

Α˙ ΩΛΙΟΣ ΟΚΤΑΒΙΑΝΟΣ ο........
ΣΕ ΤΟ ΜΝΗΜΕΙΟΝ ΖΩΝ ΕΑΥΤΩ ΚΑΙ.....

Trouvé à Athènes, par M. Fauvel.

Hauteur, 19 cent. (7 pouces.) Largeur, 87 cent. (2 pieds 7 pouces ½.)

231. Sur un fragment d'un petit fronton en marbre blanc.

......ΜΑΡΑΘΩΝ........

Trouvé à Marathon, par M. Fauvel.

Hauteur, 64 cent. (25 pouces.) Larg., 36 cent. (15 pouc.)

232. Marbre blanc.

Débris d'une inscription dont les lettres sont fort grandes.

Hauteur, 66 cent. (2 pieds.) Largeur, 88 cent. (2 pieds 8 pouces.)

233. Marbre blanc.

Un carré de marbre blanc, creusé en forme d'auge, présentant sur deux de ses faces les inscriptions suivantes, qui n'ont aucun rapport entre elles (1) :

On lit sur la première face :

A la bonne fortune.

---

(1) On croit inutile de rapporter ici le texte grec de ces deux inscriptions. On doit observer cependant que la copie que Chandler a donnée de la première n'est pas très-exacte.

Le Sénat de l'Aréopage, le Sénat des Cinq-Cents, et le peuple très-auguste des Athéniens ont élevé, ... Epictète qui a administré .... la République.

Sur la seconde face :

Publius Herennius Dexippus, fils de Ptolémée, rhéteur et historien éloquent comme Mercure, ayant exercé la dignité de Roi parmi les Thesmothètes, et celle d'Eponyme; ayant présidé l'assemblée générale du peuple, ainsi que les jeux des grandes Panathénées, prêtre par son origine, personnage très-saint.

Ses fils lui ont élevé (ce monument), à cause de sa vertu.

Dexippe fut un des hommes célèbres, que Cecropia (Athènes) a nourris, et qui se sont le plus distingués par leur génie, leur éloquence et leur savoir.

Il a écrit, avec vérité, le tableau de la longue histoire des siècles; il fut le témoin d'une partie de ce qu'il raconte, et il a puisé l'autre dans des livres : il a trouvé vraiment le moyen de faire une histoire universelle. Il est certainement un homme illustre, celui qui se sert des mille yeux de son esprit, pour connaître les évènemens des siècles passés (muets). Quoiqu'il ait fleuri récemment, sa gloire est répandue dans toute la Grèce. Louange à Dexippe, pour son histoire (1).

C'est pour cette raison, que ses fils ont élevé ce beau monument à cet homme illustre, et ont célébré ses louanges.

Dexippe vivoit à la fin du 3ᵉ siècle de notre ère; il avoit écrit, en quatre livres, l'histoire des événemens arrivés après la mort d'Alexandre-le-Grand, un abrégé de l'histoire universelle,

---

(1) L'historien Dexippe joignoit le courage à des talens littéraires; placé à la tête d'un petit nombre d'Athéniens, il défit une armée de Goths, qui ravageoient l'Attique, vers l'année 269.

jusqu'au règne de Claude II , et un ouvrage ap-
pelé *Scythique ,* qui contenoit l'histoire des guer-
res des Romains contre les Scythes.

Photius loue son style , qui étoit cependant
un peu trop pompeux.

Tous ses ouvrages sont perdus , à l'exception de
quelques fragmens.

Les deux inscriptions gravées sur ce marbre
ont été publiées dans les inscriptions de Chandler,
pages 55 et 56.

Trouvé aux environs d'Athènes , par M. Fauvel.

> Hauteur,   52 cent. (1 pied 6 pouces ½.) Larg. 72 cent.
> (2 pieds 2 pouces.)

234. Marbre blanc.

Débris d'une inscription grecque , contenant la
fin de cinq lignes.

> Hauteur, 12 cent. (4 pouces ½.) Larg. , 22 cent. (8 pouc.)

235. Marbre noir.

Un débris d'inscription grecque, en quatre lignes.

> Hauteur , 44 cent. (16 pouces.) Larg. 28 cent. (10 pouc.)

236. Sur un fragment d'architrave.

Une inscription grecque du moyen âge et composée d'une seule ligne , commençant ainsi :

A la Prière d'Anatolius , **Prêtre et Père du Monastère ,** *etc.*

> Hauteur, 51 cent. (11 pouces.) Larg. , 1 mètre 80 cent.
> (5 pied 5 pouces.)

237. Marbre blanc.

Une inscription latine, dont les caractères ressemblent beaucoup aux lettres gothiques.

† INS. mcccc. liii. die iiv (peut-être xiv) decembris, tempore consulatus Domini Lanceloto da Parma.

En 1453, le 3 (ou 14) Décembre, sous le Consulat du Seigneur Lancelot de Parme.

Au-dessous de l'inscription, se voit l'écusson, armorié du personnage dont il vient d'être parlé. Ce marbre a été rapporté de la Grèce.

Hauteur, 66 cent. (2 pieds.) Largeur, 94 cent. (2 pieds 10 pouces.)

238. Vélin.   MANUSCRIT DE LYDUS.

Ce manuscrit unique des ouvrages de Lydus, a été donné à M. le comte de Choiseul-Gouffier, par le prince Constantin Morousi; il faisoit partie de la grande collection de manuscrits que le prince Nicolaki Maurocordato , hospodar de Valachie, avoit rassemblée à Bucharest, vers l'an 1722.

Il contient les ouvrages suivans:

1. Deux feuillets d'un ouvrage sur les *Mois*, dans lequel Lydus décrivoit les fêtes annuelles célébrées à Rome, et donnoit l'histoire de leur établissement.

2. Soixante-un feuillets contenant le Traité sur les Magistratures. Cette partie qui offre une histoire des grandes dignités de la république romaine, a

été publiée en 1813 par M. Fuss, avec une traduction latine et un savant discours préliminaire par M. Hase.

3. Trente-sept feuillets appartenant à un ouvrage sur les Augures. Cet écrit, qui est très-curieux, traite de la Science augurale des Romains, telle qu'elle étoit du temps de la république, et sous le règne des premiers Césars.

Ces trois ouvrages, dont le premier et le troisième sont encore inédits, se trouvent réunis dans un même volume, dont l'antiquité paroît remonter jusqu'au dixième siècle. Lydus étoit *Cornicu-laire*, ou Chef dans les bureaux du Prétoire ; il vivoit sous le règne de l'empereur Justinien ; son existence et ses ouvrages n'étoient encore connus avant la découverte de ce manuscrit, que par un petit nombre de passages tirés de divers auteurs anciens (1).

Haut., 75 cent. (9 pouces 7 lig.) Larg., 20 cent. (7 pouces 5 lignes.)

---

(1) Photius, cod. 180, p. 210 et 211, édition de Hœschelius. Léon le Philosophe, *Tactique*, col. 917, édition de Lami. Suidas, *Lexique*, p. 131, édit. de Kuster. Les *Scholiastes de Venise*, par M. d'Ansse de Villoison, page 531.

ANTIQUITÉS CELTIQUES.

---

239. Pierre.

Une lionne couchée, alaitant trois lionceaux.

Ce monument a été trouvé à Langres.

> Hauteur, 75 cent. (2 pieds 5 pouces.) Longueur , 1 mètre
> 7 cent. (5 pieds 2 pouces ½.)

240. Espèce de granitelle.

Un homme grossièrement sculpté , représenté accrouppi.

Trouvé à Langres (1).

> Hauteur , 88 cent. (2 pieds 4 pouces ½.)

OBJETS COPIÉS, IMITÉS OU MOULÉS , SUR DES ANTIQUITÉS
GRECQUES ET ROMAINES (2).

241.***. Marbre blanc.

Buste de Jupiter Sérapis, copié d'après l'antique,
par M. Cardelli.

> Hauteur , 47 cent. (1 pied 5 pouces.)

---

(1) On doit observer que ces figures sont d'un assez grand intérêt , malgré leur grossièreté, puisqu'elles se rattachent à une ancienne époque nationale , et qu'enfin , nous ne possédons pas dix monumens connus de ce genre.

(2) Tous les objets capitaux qui se trouvent compris dans cette série , ont été exécutés à Rome , sur les dessins et sous la direction de M. Cassas.

242.*. Marbre blanc.

Une statue de Diane, mutilée.

Hauteur, 53 cent. (1 pied 7 pouces.)

243.***. Bronze.

Une statue de la Victoire, posée sur un autel de marbre blanc, orné de guirlandes, de têtes de victimes et d'instrumens de sacrifices. (Imitation d'après l'antique).

Hauteur, 52 cent. (2 pieds 7 pouces.)

244. Bronze.

Une figure d'*Angéronia*, moulée sur un bronze qui appartient au Cabinet des Antiques de la Bibliothèque du Roi. *Voy.* Caylus, T. IV, Pl. LXXII, n°s 2 et 3.

Hauteur, 17 cent. (6 pouces.)

245. Marbre blanc.

Un jeune faune jouant de la flûte.
Copie, d'après le faune *Borghèse*, qui fait aujourd'hui partie du Muséum royal de France.

Hauteur, 50 cent. (1 pied ½.)

246.***. Marbre blanc.

Copies réduites des vases antiques (*dits*) de Médicis et Borghèse, faisant pendans l'un à l'autre, avec des socles en vert antique.

Hauteur générale, 85 cent. (2 pieds ½.)

247.***. Marbre blanc.

Copie réduite d'après le tombeau de C. L. Scipion (1).

Socle de granit noir et blanc ; base de vert d'Égypte.

> Hauteur générale , 43 cent. (1 pied 3 pouces 8 lig.) Larg.
> prise à la base, 49 cent. (1 pied 5 pouces 8 lignes.)

248.**. Marbre jaune antique.

Copie réduite de la colonne rostrale de Duillius.

Rostres en bronze ; piédestal en jaune antique; carré inférieur en marbre *Portor*.

> Hauteur générale, 47 cent. (2 pied 4 pouces 10 lignes.)

249. Plomb bronzé.

Un buste d'homme (*dit* de Cicéron), moulé sur l'antique.

Piédouche en marbre veiné.

> Hauteur , 61 cent. (1 pied 10 pouces.)

250.*. Marbre blanc.

Copie de la statue *dite* de Cléopâtre.

> Longueur , 2 mètres 57 cent. (7 pieds.)

251.**. Marbre jaune de Sienne.

Copie réduite du tombeau d'Agrippa.

---

(1) *Voy.* Piranesi, *Monumenti degli Scipioni*, Pl. III.

Socle en porphyre.

> Hauteur générale, 59 cent. (1 pied 9 pouces ½.) Longueur
> prise de la base, 60 cent. (21 pouces 9 lignes.)

252.**. Marbre blanc.

Copie réduite d'un grouppe antique, dans lequel on a cru d'abord voir *Papirius* et sa mère,
et ensuite Electre, reconnoissant son frère Oreste.

> Hauteur, 77 cent. (2 pieds 4 pouces.)

253. Bronze.

Buste *dit* de Sénèque, moulé sur l'antique.

> Hauteur, 53 cent. (1 pied 7 pouces.)

254. Marbre jaune antique.

Copie réduite d'après la colonne de granit qui
se voit près d'Alexandrie, nommée vulgairement
la *Colonne de Pompée* (1).

Cette belle colonne repose sur des gradins de
porphyre et de bleu turquin, exhaussés sur un socle
de brèche rose.

> Hauteur générale, 2 mètres 6 cent. (6 pieds 2 pouces.)
> Largeur du socle, 55 cent. (19 pouces 3 lignes.)

---

(1) L'inscription gravée sur le haut du fust de la colonne
antique, dont nous possédons la copie, contient les noms de
l'empereur Dioclétien et de Pollion, préfet d'Égypte. Voy.
Itinéraire de Jérusalem à Paris, par M. le vicomte de Châ-
teaubriand, pair de France, Tome III, page 95.

255.**. Marbre chipolin.

Deux copies répétées dans les mêmes proportions, d'après une colonne milliaire, surmontée d'un globe de bronze, qui se voit à Rome.

Tores et piédestaux en jaune antique.

Hauteur générale, 94 cent. (2 pieds 10 pouces 8 lignes.)

256.***. Serpentin gris.

Copie d'une fontaine qui se voit à la *Villa Albani*, à Rome.

Une large vasque orbiculaire, supportée par trois figures d'Atlas, en bronze, reposant sur une plinthe à gradins, en jaune antique.

Piédestal rond et cannelé, en marbre blanc, sur un socle de brocatelle. Base inférieure en brèche rose.

Hauteur générale, 1 mètre 17 cent. (3 pieds ½.) Largeur prise à la base, 66 cent. (2 pieds.)

257.***. Marbre blanc.

Copie réduite d'un char antique qui se voit au Musée du Vatican, à Rome (1).

Chevaux en bronze.

Socle supérieur en marbre blanc, posé sur un second socle en marbre jaune ; base en marbre gris, veiné de blanc.

Hauteur générale, 66 cent. (2 pieds.) Longueur, 1 mètre 5 cent. (3 pieds 2 pouces ½.)

____

(1) Voyez *Museo Pio Clementino*, Tome V, Pl. xliv.

258.***. *Porphyre rouge.*

Une table ronde, posée sur trois pieds placés triangulairement, et formés par des têtes de lions sortant de touffes de feuilles d'acanthe, en marbre jaune.

Diamètre de la table, 42 cent. (1 pied 5 pouces 2 lignes.)
Hauteur générale, 71 cent. (2 pieds 1 pouce 8 lignes.)

259.***. *Marbre vert antique.*

Une vasque supportée par trois griffons *solipèdes* en bronze.
Socle en marbre jaune, posé sur un cippe en porphyre, dont la base est aussi en marbre jaune.
Carré inférieur en marbre blanc.

Hauteur générale, 22 cent. (5 pieds 8 pouces.) Longueur
prise sur le carré inférieur, 47 cent. (1 pied 5 pouc.)

260.***. *Marbre jaune de Sienne.*

Un lion et un taureau, copiés d'après l'antique, sur une plinthe de même matière.

Hauteur, 55 cent. (1 pied 9 lignes.) Largeur prise à la base,
39 cent. (14 pouces 2 lignes.)

261.**. *Marbre blanc.*

Deux copies faisant pendans ; imitation de l'une des *Meta*, ou bornes d'un cirque.
Socle carré, en marbre vert de Corse.

Hauteur, 64 cent. (1 pied 11 pouces.) Largeur du socle,
16 cent. (5 pouces 9 lignes.)

262.***. Marbre blanc.

Deux beaux trépieds, copiés d'après ceux qui se voyent dans le Musée du Vatican (1).

Hauteur moyenne, 66 cent. (2 pieds.)

263.***. Terre cuite.

Modèle d'un tombeau, représentant une femme à demi couchée, sur un piédestal orné de figures humaines et de candélabres.

L'original de ce tombeau se voit parmi les ruines de la ville de Palmyre.

Socle en brocatelle, sur base en vert antique.

Hauteur générale, 75 cent. (2 pieds 3 pouces.) Largeur prise à la base, 57 cent. (1 pied 8 pouces 8 lignes.)

264.**. Marbre blanc.

Copie réduite d'un tombeau antique, trouvé dans les ruines de la ville d'*Alexandria Troas* (2).

Socles de vert antique et de marbre afriquain.

Hauteur générale, 63 cent. (1 pied 10 pouces ¼.) Largeur prise sur la base, 51 cent. (1 pied 6 pouces 4 lignes.)

---

(1) Voyez *Museo Pio Clementino*, Tome VI, Pl. XLI et XLII.

(2) Ce tombeau, dont le couvercle est détruit, sert aujourd'hui d'abreuvoir à la porte de la mosquée d'Erkessy-Keui, village turc, situé entre Ieni-Scheher et Bounar-Bachi, près de l'emplacement de l'ancienne Troie.

265.**. Marbre afriquain.

**Un tombeau en forme de cuve
Socle en brèche rose.**

> Hauteur, 47 cent. (1 pied 5 pouces.) Largeur prise sur la
> base, 69 cent. (2 pieds 1 pouce.)

266.**. Vert antique et vert de Corse.

Deux cuves ou tombeaux de forme carrée et allongée , supportés par des pattes de lions , en marbre jaune.

Socles en marbre jaune; bases en marbre afriquain.

> Hauteur générale , 39 cent. (14 pouces.) Longueur de
> la base, 53 cent. (1 pied 7 pouces 2 lignes.)

267.**. Marbre peu connu , qui se trouve en Égypte.

Une coupe et une base triangulaire (1).

> Hauteur, 15 cent. (5 pouces 7 lignes.) Diamètre , 48 cent.
> (1 pied 5 pouces ½.)

268.**. Marbre rouge antique.

Une belle coupe posée sur un piédonche , et ornée dans son intérieur d'une tête de Méduse.

> Hauteur , 19 cent. (7 pouces.)

---

(1) Cette belle coupe , dont le pied n'a point été fini , est l'ouvrage de M. Vallin , habile marbrier, demeurant à Paris, rue Moreau, n° 3.

269.***. Albâtre Fleury.

Une coupe, dont l'intérieur est orné d'une tête de Méduse, entourée de *feuilles d'eau*, et dont les anses prises dans la masse, représentent des serpens enlacés.

Piédouche en même matière.

Hauteur, 20 cent. (9 pouces ¼.)

270.**. Albâtre oriental.

Deux vases de forme ovoïdes.

Hauteur, 35 cent. (1 pied.)

271.**. Marbre vert antique.

Une grande vasque ronde.

Diamètre, 80 cent. (2 pieds 5 pouces.)

272.**. Marbre vert antique.

Quatre vases de forme ovoïde, et non évidés.

Hauteur, 45 cent. (15 pouces ½.)

273.*. Albâtre.

Deux vases, forme *dite* de Médicis, faisant pendans l'un à l'autre.

Hauteur, 26 cent. (9 pouces ½ de haut.)

274.**. Marbre blanc.

Deux piédestaux enrichis d'un bas-relief antique, représentant le premier un tigre, et l'autre qui lui sert de pendant, un lion debout, copié d'après l'antique.

Socles en marbre noir.

Hauteur, 37 cent. (1 pied 1 pouce ½.) Longueur, 55 cent. (1 pied 6 lignes.)

MODÈLES EN PLÂTRE, RÉDUITS D'APRÈS LES PLUS BEAUX ÉDIFICES GRECS ET ROMAINS, QUI SUBSISTENT ENCORE EN SYRIE, DANS L'ASIE-MINEURE, EN GRÈCE, EN SICILE, EN ITALIE ET EN FRANCE (1).

275.**

Temple corinthien, à Baalbek. (Syrie.)
Sous cage de verre.

Longueur, 61 cent. (1 pied 10 pouces.)

276.**

Un des temples de Palmyre. (Syrie.)
Sous cage de verre.

Hauteur, 47 cent. (1 pied 5 pouces.) Longueur, 43 cent. (18 pouces 9 lignes.)

277.**

Un autre monument de Palmyre.

Longueur, 1 mètre 48 cent. (4 pieds 5 pouces.)

---

(1) Cette suite précieuse de modèles a été faite par M. Fouquet, artiste qui excelle dans ces sortes d'ouvrages.

278.**.

Un tombeau taillé dans le roc, qui se voit à *Macri*, ville de la Caramanie, autrefois nommée *Telmissus*. (Asie mineure.)

Hauteur, 44 cent. (16 pouces.) Long. , 41 cent. (15 pouc.)

279.**.

Tombeau qui se voit à *Mélasso*, autrefois *Mylasa*, ville de l'ancienne Carie, dans l'Asie mineure. Voy. *le Voyage pittoresque de la Grèce*, Tome I, Pl. LXXXV.

Hauteur , 51 cent. (11 pouces.)

280.**.

Entablement d'un temple dont les ruines se voient à *Aïa-Soluk*, village turc, bâti sur l'emplacement de l'ancienne ville d'Éphèse.

Hauteur, 64 cent. (1 pied 11 pouces.)

281.**.

Les *Propylées*, à Athènes.

Longueur , 1 mètre 13 cent. (5 pieds 4 pouces ½.)

282.**.

Autre modèle du même monument, réduit sur une plus petite échelle.

Sous cage de verre.

Longueur , 84 cent. (2 pieds 6 pouces ½.)

283.**.

Le *Parthénon*, ou temple de Minerve, à Athènes.

Longueur, 1 mètre 41 cent. (4 pieds 5 pouces.)

284.**.

Le temple d'Erecthée et le *Pandroséum* , à Athènes.

Sous cage de verre.

Longueur , 80 cent. (2 pieds 5 pouces.)

285.**.

Chapiteau , pilastre, et base du monument de Lysicrate, connu vulgairement sous la dénomination de *Lanterne de Démosthène* , à Athènes.

Sous cage de verre.

Hauteur, 54 cent. (1 pied 7 pouces $\frac{1}{2}$.) Longueur , 37 cent. (15 pouces $\frac{1}{2}$.)

286.**.

Partie de l'entablement du même édifice.

Hauteur , 51 cent. (1 pied 5 pouces $\frac{1}{2}$.)

287.**.

Le temple de Thésée, à Athènes.

Sous cage de verre.

Hauteur , 38 cent. (15 pouces.) Long. , 1 mètre (2 pieds 11 pouces $\frac{1}{2}$.)

288.**.

La Tour des Vents , à Athènes.

Hauteur , 52 cent. (1 pied 7 pouces.)

289..**

Le portique d'Auguste, à Athènes.

Hauteur, 40 cent. (1 pied 2 pouces ¼.)

290..**   Terre cuite.

Le même édifice que le précédent, représenté dans son état de ruine.

Sous cage de verre.

Longueur, 48 cent. (1 pied 5 pouces 4 lignes.)

291.*.**

Temple de *Cérès*, situé entre la rive gauche du fleuve Ilissus et le mont Hymette, près d'Athènes (1).

Longueur, 55 cent. (1 pied 7 pouces.)

292..**

La porte d'Adrien, à Athènes.

Sous cage de verre.

Hauteur, 55 cent. (1 pied 7 pouces.)

293..**

Monument de *Philopappus*, à Athènes.

Longueur, 55 cent. (1 pied.)

294..**

Modèle d'un temple dorique, dont les ruines subsistent à Corinthe.

Longueur, 77 cent. (2 pieds 4 pouces.)

---

(1) Ce monument qui étoit un chef-d'œuvre d'élégance, a été détruit par les Turcs dans ces dernières années.

295.**.

Le temple de la Concorde, à Agrigente.
Sous cage de verre.

> Longueur, 65 cent. (1 pied 10 pouces ¾.)

296.**.

Un des temples de *Pestum*.
Sous cage de verre.

> Longueur, 92 cent. (2 pieds 9 pouces.)

297.**.

Un autre temple de *Pestum*.
Sous cage de verre.

> Longueur, 87 cent. (2 pieds 7 pouces ¼.)

298.**.

Le Panthéon, à Rome.

> Hauteur, 65 cent. (1 pied 11 pouces ¾.) Longueur, 83 cent.
> (2 pieds 6 pouces.)

299.**.

Modèle d'un théâtre antique.

> Longueur, 1 mètre 22 cent. (3 pieds 8 pouces.)

300.**.

Un édifice antique, à Rome.
Sous cage de verre.

> Largeur, 83 cent. (2 pieds ½.)

3o1.*".

Modèle en liége, du monument antique, connu
à Rome, sous le nom d'*Arco de Pentani*.
Sous cage de verre.

    Largeur, 83 cent. (1 pied ½.)

3o2.**.

Un riche entablement, copié sur l'antique.
Sous cage de verre.

    Hauteur, 66 cent. (2 pieds.)

3o3.**.

Le temple de Tivoli, près de Rome.
Sous cage de verre.

    Hauteur, 51 cent. (1 pied 6 pouces ½.)

3o4.**.

Modèle d'un temple antique, qui se voit à
Nîmes, et qui est connu vulgairement sous le nom
de *Maison Carrée*.

    Longueur, 79 cent. (2 pieds 4 pouces ½.)

3o5.*.

Trois petits tombeaux.

    Hauteur moyenne, 14 cent. (5 pouces.)

3o6.**.

Deux modèles semblables d'un chapiteau, en
bois et en carton peint.

    Hauteur, 25 cent. (9 pouces.)

307.**.

Un chapiteau corinthien, avec la base de la colonne à qui il appartient.

Sous cage de verre.

Hauteur, 47 cent. (17 ponces.)

308.*.

Modèle d'un chapiteau corinthien, copié sur un
des chapiteaux de Palmyre (1).

Hauteur, 55 cent. (1 pied 7 ponces.)

PLATRES MOULÉS SUR L'ANTIQUE.

309.

Moules et reliefs de vingt-un bas-reliefs, faisant
partie de la frise qui décoroit l'extérieur de la *Cella*
du *Parthénon*, à Athènes.

310.

Moule et relief de l'un des métopes de l'édifice
précédent (2).

---

(1) Ce chapiteau a été exécuté par M. Germain, artiste
distingué, qui a sculpté presque tous les ornemens qui
décorent les diverses façades de la maison de M. le comte de
Choiseul.

(2) Voyez *Galerie Antique*, 3me livraison, n° 1.

8.

311.

Moules et reliefs des métopes du temple de Thésée, à Athènes.

312.

Moules et reliefs de la frise qui orne le pourtour du monument Choragique de Lysicrate, à Athènes.

313.

Plâtre moulé sur l'une des Cariatides du *Pandroséum*, à Athènes.

314.

Copie restaurée de la même figure.

315. Plâtre

Moules et reliefs de deux bas-reliefs, représentant un combat (1).

316. Plâtre bronzé.

Un buste d'homme, moulé sur l'antique.

Hauteur, 50 cent. (1 pied ½.)

317.*.

Un bas-relief représentant une figure de femme ailée, entourée d'arabesques. Ce plâtre est moulé

____

(1) Voyez *Galerie Antique*, 3.me livraison, Pl. xxv.

sur une terre cuite antique, qui fait partie de la
belle collection de M. L. Dufourni, membre de
l'Institut.

> Hauteur, 33 cent. (1 pied.) Long., 41 cent. (15 pouces.)

318.

Un bas-relief moulé sur l'antique, représentant
deux bacchantes.

> Hauteur, 44 cent. (16 pouces.) Largeur égale à sa hauteur.

SCULPTURES MODERNES.

319.**. Bronze.

Buste d'un faune, moulé sur une statue de
Michel-Ange.

> Hauteur, 41 cent. (1 pied 3 pouces.)

320.**. Marbre blanc.

Buste du Grand Condé, sculpté en bas-relief et
de profil, sur un fond ovale.

> Hauteur, 30 cent. (11 pouces 5 lig.) Longueur, 29 cent.
> (10 pouces ½.)

321.**. Marbre blanc.

Buste de feu M. le Chancelier d'Aguesseau.

> Hauteur, 77 cent. (2 pieds 4 pouces.)

322.**. Plâtre.

Buste de M. l'abbé Barthélemy , membre de
l'Académie royale des Inscriptions et belles-lettres.

Par M. le chevalier Houdon , membre de l'Institut.

Hauteur , 50 cent. (1 pied ½.)

323.**. Marbre grec.

Copie du buste précédent , exécuté par M. Cal-
delari , pour feu M. le comte de Choiseul-Gouffier.

Même hauteur que le précédent.

324.**. Marbre blanc.

Buste d'une très-jeune personne , représentée
les yeux baissés (1).

Hauteur , 57 cent. (15 pouces ½.)

325.**. Terre cuite.

Quatre figures , parmi lesquelles on remarque
une femme voilée , portant une urne cinéraire.

Hauteur moyenne , 26 cent. (9 pouces ½.)

---

(1) Un buste en bronze , et qui nous a paru semblable à
celui qui vient d'être décrit , fait partie de la magnifique
collection d'objets d'arts formée à Paris , par M. le baron
Roger.

TABLEAUX (1).

326. **

La Chaste Suzanne, surprise au bain par deux
vieillards.

Par feu M. Lagrénée. E.

> Hauteur, 33 cent. (1 pied.) Larg. (1 pied 3 pouces ½.)

327. **

Une tête de saint Pierre.
Attribuée au Guide. E.

> Hauteur , 51 cent. (23 pouces.) Largeur , 44 cent. (1 pied
> 5 pouces.)

328. **

Portrait en pied de Louis XIV, couvert de ses
habits royaux.

> Hauteur, 1 mètre 58 cent. (4 pieds.) Largeur, 90 cent.
> (2 pieds 8 pouces ¼.)

329. **

Deux tableaux faisant pendans; sur l'un se voit
un homme cuirassé , à qui l'on présente une carte

---

(1) Les tableaux, les dessins et les gravures ornés de
cadres, seront indiqués par un E.

ou un plan ; sur le second est figuré une jeune
fille baisant la main d'un vieillard. E.

Hauteur, 36 cent. (13 pouces.) Largeur, 52 cent. (1 pied
6 pouces $\frac{2}{3}$.)

33o.***.

Portrait d'une jeune fille , représentée appuyée
sur ses coudes.

Par Grimoux. E.

Hauteur, 63 cent. (1 pied 10 pouces $\frac{1}{2}$.) Largeur , 52 cent.
(1 pied 7 pouces.)

331.**.

Vue de l'une des Pyramides de Gizeh, du Sphinx
et du Désert.

Par M. Vauzelle, d'après les dessins de M. Cassas.

Hauteur, 70 cent (2 pieds 1 pouce $\frac{1}{2}$.) Largeur , 1 mètre
(3 pieds.)

332.**.

Vue de la ville d'Alexandrie et de la colonne
(*dite*) de Pompée.

Par M. le comte de Turpin-Crissé, membre libre
de l'Académie des beaux-arts.

Hauteur , 1 mètre 11 cent. (3 pieds 4 pouces.) Largeur ,
1 mètre 61 cent. (4 pieds 10 pouces.)

333.**.

Vue de la porte du grand temple de Baalbeck.

Par M. Hilair (1), d'après le dessin de M. Cassas. E.

> Hauteur, 96 cent. (2 pieds 10 pouces 6 lignes.) Largeur,
> 66 cent. (2 pieds.)

334.**.

Vue des ruines de Baalbeck.

Par M. le comte de Turpin, d'après le dessin de M. Cassas. E.

> Hauteur, 1 mètre 11 cent. (3 pieds 4 pouces.) Largeur,
> 1 mètre 61 cent. (4 pieds 10 pouces.)

335.**.

Vue d'un grand portique et quelques autres ruines, à Palmyre.

Par M. Hilair, d'après le dessin de M. Cassas. E.

> Hauteur, 95 cent. (2 pieds 10 pouces 6 lignes.) Largeur,
> 66 cent. (2 pieds.)

336.**.

Halte de voyageurs orientaux, sur les ruines de Palmyre.

Par M. le comte de Turpin, d'après M. Cassas.

> Hauteur, 1 mètre 11 cent. (3 pieds 4 pouces.) Largeur,
> 1 mètre 61 cent. (4 pieds 10 pouces.)

---

(1) M. Hilair, artiste modeste et de beaucoup de talent, a dessiné sur nature, une partie des vues pittoresques qui ornent le premier volume du *Voyage de la Grèce*, par M. le comte de Choiseul.

337.***.

Collection de tableaux peints sur cuivre, représentant les costumes divers qu'on remarque au Levant.

Cette suite précieuse, exécutée d'après les dessins rapportés de Constantinople, par M. le marquis de Ferriol, ambassadeur du Roi, près la Porte-Ottomane (en 1699), a été gravée dans l'ouvrage intitulé : *Explication de cent Estampes qui représentent différentes Nations du Levant,* un volume *in folio* (1). E.

Hauteur, 33 cent. (1 pied.) Largeur, 25 cent. (9 pouces.)

338.***.

Vue des ruines du temple de Jupiter Olympien, de la citadelle, et de la porte d'Adrien, à Athènes.
Par M. le comte de Turpin. E.

Hauteur, 1 mètre 11 cent. (3 pieds 4 pouces.) Largeur, 1 mètre 61 cent. (4 pieds 10 pouces.)

339.***.

Vue du Parthénon, à Athènes (2).
Par M. le comte de Turpin. E.

Hauteur, 1 mètre 11 cent. (3 pieds 4 pouces.) Largeur, 1 mètre 61 cent. (4 pieds 10 pouces.)

---

(1) Un seul des cent tableaux qui formoient originairement cette collection, se trouve perdu.

(2) On voit, sur ce tableau, le lieu d'où a été relevé le métope décrit sous le n° 105.

340.***.

Vue du temple d'Erecthée et du *Pandroseum*, à Athènes.

Par M. le comte de Turpin ; figures par M. Hilair. E.

> Hauteur, 1 mètre 11 cent. (3 pieds 4 pouces.) Largeur, 1 mètre 61 cent. (4 pieds 10 pouces.)

341.**.

Vue du Colisée et de l'arc de Constantin, à Rome.

Par M. Hilair.

> Hauteur, 1 mètre 18 cent. (5 pieds 6 pouces ½.) Largeur, 1 mètre 64 cent. (4 pieds 11 pouces.)

342.**.

Vue du Panthéon et de l'obélisque égyptien qui est élevé au centre de la place *Navone*, à Rome.

Par M. Hilair.

> Hauteur, 1 mètre 18 cent. (5 pieds 6 pouces ½.) Largeur, 1 mètre 64 cent. (4 pieds 11 pouces.)

343.***.

Vue du temple d'Antonin et Faustine, et d'une partie du *Campo-Vaccino*, à Rome.

Par M. le comte de Turpin. E.

> Hauteur, 1 mètre 18 cent. (5 pieds 6 pouces ½.) Largeur, 1 mètre 64 cent. (4 pieds 11 pouces.)

344.**.

Deux tableaux faisant pendans l'un à l'autre.
Sites de rochers sur le bord de la mer.
Par feu M. Robert. E.

> Hauteur, 49 cent. (1 pied 5 pouces 9 lig.) Larg. 58 cent.
> (1 pied 9 pouces.)

345.***.

Deux tableaux faisant pendans ; ruines de monumens antiques.
Par J. P. Panini et M. Robert. E.

> Hauteur, 54 cent. (1 pied 7 pouces $\frac{1}{2}$.) Larg. 29 cent.
> (10 pouces $\frac{1}{2}$.)

346.**.

Un paysage avec figures.
Copie ou imitation d'après Wouvermans. E.

> Hauteur, 55 cent. (1 pied.) Largeur, 64 cent. (1 pied
> 11 pouces.)

347.**.

Deux tableaux faisant pendans l'un à l'autre ;
vues perspectives de deux salles du Musée des
Monumens Français.
Par M. Vauzelle. E.

> Hauteur, 58 cent. (1 pied 9 pouces.) Largeur, 70 cent.
> (2 pieds 1 pouce $\frac{1}{2}$.)

DESSINS.

CARTES, PLANS, VUES PITTORESQUES,
ARCHITECTURE, ETC.

348.***.

Vue de la grande pyramide de *Gizeh*, du Sphinx, et d'une troupe d'Arabes, arrêtée près de ces monumens.

Aquarelle, par M. Cassas.

> Hauteur, 69 cent. (2 pieds 1 pouce.) Longueur, 1 mètre 6 cent. (3 pieds 2 pouces.)

349.***

Marche du pacha du Caire, passant devant une Mosquée.

Aquarelle, par M. Cassas.

> Hauteur, 64 cent. (1 pied 11 pouces.) Largeur, 1 mètre 3 cent. (3 pieds 1 pouce.)

350.***.

Vue générale de la ville de Jérusalem.
Aquarelle, par MM. Cassas et Hilair.

> Hauteur, 66 cent. (2 pieds.) Larg. 1 mètre (3 pieds.)

351.***.

Vue de la forêt de chênes du mont Liban.

Aquarelle, par M. Hilair.

> Hauteur, 66 cent. (2 pieds.) Largeur, 1 mètre 1 cent.
> (3 pieds 6 lignes.)

352.***.

Vue des ruines de Baalbeck.
Aquarelle, par MM. Cassas et Hilair. E.

> Hauteur, 62 cent. (22 pouces ½.) Larg. 73 cent. (2 pieds
> 2 pouces 6 lignes.)

353.**.

Autre vue des mêmes ruines.
Aquarelle, par les mêmes.

> Hauteur, 66 cent. (2 pieds.) Largeur, 74 cent. (2 pieds
> 3 pouces.)

354.***.

Plan général des ruines de Palmyre.
Dessin lavé, par M. Cassas.

> Hauteur, 41 cent. (15 pouc.) Larg. 60 cent. (21 pouc. ½)

355.***.

Quatre-vingt-deux dessins, la plupart lavés à
l'encre de la Chine, représentant les plans, coupes
et élévations des monumens de Baalbeck et de
Palmyre.

> Hauteur et largeur moyenne, 1 mètre (3 pieds.) 66 cent.
> (2 pieds.)

356.*.

Un volume contenant les calques de dessins

faits à Palmyre et à Baalbeck, au Caire et à Constantinople.

Par M. Cassas.

> Hauteur du volume, 60 cent. (21 pouc. ½.) Larg. 41 cent.
> 15 pouces.)

357.**.

Passage d'une caravanne, près des tombeaux de Palmyre.

Peint à la gouache, par M. Cassas.

> Hauteur, 66 cent. (2 pieds.) Largeur, 1 mètre 50 cent.
> (4 pieds 6 pouces.)

358.***.

Vue des ruines de Palmyre.
Aquarelle, par MM. Cassas et Hilair.

> Hauteur, 52 cent. (1 pied 7 pouces.) Largeur, 1 mètre
> 58 cent. (4 pieds 9 pouces.)

359.**.

Une autre vue des mêmes ruines.
Aquarelle, par les mêmes.

> Hauteur, 74 cent. (2 pieds 3 pouces.) Largeur, 1 mètre
> 61 cent. (4 pieds 10 pouces.)

360***.

Vue pittoresque, prise en Syrie, et campement d'Arabes.

Aquarelle, par M. Cassas.

> Hauteur, 66 cent. (2 pieds.) Largeur, 1 mètre (5 pieds.)

361.***.

Vue d'un site oriental, d'une ruine antique, et d'un grouppe d'Arabes.

Aquarelle, par MM. Cassas et Hilair. E.

Hauteur, 66 cent. (2 pieds.) Largeur, 94 cent. (2 pieds 10 pouces)

362.***.

Vue d'une porte de Mylasa, dans l'Asie mineure.

Aquarelle, par M. Hilair. E.

Hauteur, 74 cent. (2 pieds 5 pouces.) Largeur, 55 cent. (20 pouces.)

363.*.

Plan de la ville et du port d'*Iasus*, aujourd'hui *Assem-Kalasi*, dans l'Asie mineure.

Par feu M. Kauffer (1).

Hauteur, 15 cent. (5 pouces 4 lignes.) Largeur, 21 cent. (7 pouces 5 lignes.)

364.***.

Vue d'un temple corinthien, à *Euromus*, aujourd'hui *Kizelgick*, dans l'Asie mineure.

Aquarelle, par M. Hilair.

Hauteur, 60 cent. (21 pouces l.) Larg. 91 cent. (2 pieds 9 pouces.)

---

(1) La gravure de ce plan se trouve dans le premier volume du *Voyage pittoresque de la Grèce*, Pl. cii.

366. ******.

Carte manuscrite et inédite du Bosphore de Thrace, aujourd'hui nommé *Canal de la Mer Noire*.

Cette carte magnifique, dessinée sur une très-grande échelle, a été levée par M. Kauffer, sous les auspices de M. le comte de Choiseul-Gouffier, alors ambassadeur du Roi, près la Porte Ottomane.

La triangulation qui s'étend jusque dans l'intérieur du pays, augmente encore le haut intérêt que présente ce travail, l'un des plus beaux qui aient été faits dans ce genre, et le résultat de plusieurs années d'observations (1).

Collée sur toile.

Hauteur, 80 cent. (2 pieds 5 pouces.) Largeur, 2 mètres (6 pieds.)

367. *****.

Plan de la ville de Constantinople, de son port et de ses faubourgs, avec l'entrée du canal de la Mer Noire, et la ville de Scutari.

Levé géométriquement pendant les années 1776 -1786, par M. Kauffer.

Hauteur, 48 cent. (17 pouces 6 lignes.) Largeur, 68 cent. (2 pieds 6 lignes.)

---

(1) Le plan gravé de Constantinople qui se trouve attaché à cette carte, appartient à une planche faite d'après le dessin suivant, qui n'a point été terminé.

9

368.*.**

Vue d'une partie de la ville de Constantinople,
de la pointe du Sérail, des îles des Princes et de
la côte d'Asie.

Aquarelle, par MM. Hilair et Cassas.

Hauteur, 68 cent. (2 pieds 6 lignes.) Largeur, 1 mètre
64 cent. (4 pieds 11 pouces.)

369.*.**

Vue de la Mosquée du Sultan Achmet, et d'une
partie de l'Atméidan, à Constantinople.

Aquarelle, par les mêmes.

Hauteur, 66 cent. (2 pieds.) Largeur, 1 mètre 50 cent.
(4 pieds I.)

370..**

Vue de la Mosquée de la sultane *Validé*, à
Constantinople.

Aquarelle, par M. Fauvel.

Hauteur, 10 cent. (3 pouces 9 lignes.) Largeur, 20 cent.
(7 pouces 3 lignes.)

371..**

Vue de la Mosquée du Sultan Mehemet, à Constantinople.

Aquarelle, par le même.

Hauteur, 10 cent. (3 pouces 7 lignes.) Largeur, 20 cent.
(7 pouces 4 lignes.)

372..**

Vue de l'église de Saint-Jean Studius, à Constantinople.

Dessin au trait, par M. Cassas.

> Hauteur, 40 cent. (1 pied 2 pouces 8 lignes.) Largeur
> 58 cent. (1 pied 9 pouces.)

373.***.

Femmes turques, visitant un tombeau.

Aquarelle, par M. Hilair. E.

> Hauteur, 66 cent. (2 pieds ½.) Larg. 54 cent. (19 pouc. ½.)

374.***.

Carte de la Propontide, aujourd'hui nommée
Mer de Marmara, avec l'indication des sondes,
faites sur toutes ses côtes.

Levée et dessinée par MM. Truguet et Raccord,
capitaines de vaisseaux.

> Hauteur, 58 cent. (13 pouces 8 lignes.) Largeur, 60 cent.
> (21 pouces 7 lignes.)

375.*.

Vue du canal des Dardanelles, avec celle des se-
conds châteaux nommés *Kelid-ulbahar-Kalassi*
et *Boghaz-Hissar.*

Aquarelle. E.

> Hauteur, 39 cent. (14 pouces.) Largeur, 61 cent. (1 p ed
> 10 pouces.)

376.***.

Plan du golphe Thermaïque, aujourd'hui nommé
golphe de Salonique, avec une partie des côtes de
la Macédoine et de la Thessalie.

Dessin colorié, par M. Kauffer.

> Hauteur, 21 cent. (7 pouces ½.) Larg. 16 cent. (5 pouc.
> 7 lignes.)

377.**.

Vue d'un arc, faisant partie d'un monument antique, à Salonique.

Aquarelle, par M. Fauvel

Hauteur, 16 cent. (5 pouces 8 lignes.) Largeur, 23 cent. (8 pouces 3 lignes.)

378.**.

Vue d'un monument antique, orné de cariatides, nommé aujourd'hui *les Incantades*, à Salonique.

Aquarelle, par M. Fauvel.

Hauteur, 16 cent. (5 pouces 8 lignes.) Largeur, 23 cent. (8 pouces 3 lignes.)

379.**.

Plan avec triangulation de l'île de Délos. Vue de son théâtre et inscription grecque.

Hauteur, 33 cent. (1 pied.) Largeur, 27 cent. (9 pouces 8 lignes.)

380.***.

Autre plan de Délos et des ruines qui la recouvent en partie; avec le grand et le petit *Rematiari*, et une portion de l'île *Rhénéa*.

Par M. Fauvel.

Hauteur, 36 cent. (13 pouces.) Larg. 23 cent. (8 pouc. 3 lignes.)

381.***.

Fragmens du colosse d'Apollon, à Délos; parties d'architecture; plans du temple d'Apollon, du portique de Philippe, de la Naumachie, etc.

Dessin colorié, par M. Fauvel.

> Hauteur, 47 cent. (15 pouces.) Larg. 33 cent. (1 pied.)

382.**.

Fragment d'architecture qui se voit à Délos.
Dessin à l'encre de la Chine, par M. Fauvel.

> Hauteur, 30 cent. (10 pouces 9 lignes.) Largeur, 33 cent.
> (1 pied.)

383.**.

Plan des théâtres de Délos, de Thoricos et de
Milo, avec détails de construction.
Par le même.

> Hauteur, 21 cent. (7 pouces 5 lignes.) Largeur, 33 cent.
> (1 pied.)

384.**.

Plan de l'île de Santorin.
Calque sur papier huilé.

> Hauteur, 30 cent. (10 pouces 9 lignes.) Largeur, 21 cent.
> (7 pouces 5 lignes.)

385.**.

Plan d'un monument antique, qui se voit parmi
les ruines de la Ville de *Caliste*, à Santorin.
Par M. Fauvel.

> Hauteur, 22 cent. (7 pouces 9 lignes.) Largeur, 15 cent.
> (5 pouces 11 lignes.)

386.*.

Lampes, lacrymatoires, et autres antiquités
trouvées à Santorin.

Dessin lavé au bistre , par M. Fauvel.

> Hauteur , 24 cent. (8 pouces 7 lignes.) Larg. 20 cent.
> (7 pouces.)

387.*.

Statues , colonnes et autels trouvés à Santorin (1).

Dessin lavé au bistre , par M. Fauvel.

> Hauteur , 20 cent. (7 pouces 5 lignes.) Largeur , 24 cent.
> (8 pouces 7 lignes.)

388.*.

Antiquités en bronze , trouvées dans l'île de Santorin.

Dessin au bistre , par M. Fauvel.

> Hauteur , 24 cent. (8 pouces ½.) Larg. 18 cent. (6 pouces
> 4 lignes.)

389.*.

Autres antiquités trouvées dans l'île précédente. Par M. Fauvel.

> Hauteur , 24 cent. (8 pouces ½.) Larg. 18 cent. (6 pouc.
> 4 lignes.)

390.**.

Vue de la ville de Négrepont , bâtie sur les ruines de l'ancienne *Chalcis* , et du port sur l'Euripe.

---

(1) La plupart des objets représentés sur ce dessin , appartiennent à notre collection.

Aquarelle, par M. Fauvel.

> Hauteur, 10 cent. (3 pouces 8 lignes.) Largeur, 20 cent.
> (7 pouces 3 lignes.)

391.****.

Carte générale de l'Attique, avec les côtes et les îles qui l'avoisinent.

Dessin colorié, par M. Fauvel.

> Hauteur, 82 cent. (2 pieds 5 pouces ½.) Largeur, 1 mètre
> (3 pieds.)

392.***.

Autre carte de l'Attique, levée et dessinée en 1792.

Par M. le comte de Choiseul d'Aillecourt.

> Hauteur, 48 cent. (17 pouc. ½.) Larg., 41 cent. (15 pouc.)

393.***.

Plan colorié de la plaine de Marathon.
Par M. Fauvel.

> Hauteur, 16 cent. (5 pouces 7 lignes.) Largeur, 24 cent.
> (8 pouces 6 lignes.)

394.***.

Plan colorié du marais de Marathon, avec l'indication des sépultures athéniennes et celle du tombeau dans lequel ont été trouvés les bustes décrits sous les n°⁵ 56, 57, 58.

> Hauteur, 10 cent. (3 pouces 6 lignes.) Largeur, 20 cent.
> (7 pouces 5 lignes.)

395.**.

Vue du temple de Minerve *Suniade*, dont les ruines se voient sur le Cap Colonne, autrefois nommé Cap *Sunium*, près d'Athènes.

Aquarelle, par M. Hilair.

> Hauteur, 48 cent. (17 pouces 7 lignes.) Largeur, 85 cent.
> (2 pieds 7 pouces.)

396.**.

Partie d'entablement et bas-relief du temple précédent.

Dessiné par M. Fauvel.

> Hauteur, 25 cent. (8 pouces 4 lignes.) Largeur, 19 cent.
> (7 pouces.)

397.**.

Vue du Port Pirée, prise du côté de l'est.
Aquarelle, par M. Fauvel.

> Hauteur, 10 cent. (3 pouces 8 lignes.) Largeur, 20 cent.
> (7 pouces 5 lignes.)

398.**.

Monument de Philopappus, à Athènes.
Aquarelle, par M. Fauvel.

> Hauteur, 16 cent. (5 pouces 7 lignes.) Larg. 22 cent.
> (8 pouces 1 ligne.)

399.***.

Vue de la porte d'Adrien, à Athènes.
Aquarelle, par M. Hilair. E.

> Hauteur, 55 cent. (20 pouces.) Largeur, 74 cent. (2 pieds
> 3 pouces.)

400..**

Vue du temple de Thésée, à Athènes.
Aquarelle, par M. Fauvel.

> Hauteur, 21 cent. (7 pouces 8 lignes.) Largeur, 35 cent.
> (1 pied 6 lignes.)

401..**

Vue du théâtre d'Athènes.
Aquarelle, par M. Fauvel.

> Hauteur, 16 cent. (5 pouces 7 lignes.) Largeur, 22 cent.
> (8 pouces 1 ligne.)

402..**

Vue des Propylées, à Athènes.
Aquarelle, par M. Fauvel.

> Hauteur, 16 cent. (5 pouces 8 lignes.) Largeur, 22 cent.
> (8 pouces 1 ligne.)

403.*.**

Vue de la colonne Saint-Jean, et marche d'une
noce albanaise, à Athènes.
Aquarelle, par M. Hilair. E.

> Hauteur, 66 cent. (2 pieds.) Largeur, 97 cent. (2 pieds
> 11 pouces.)

404.*.**

Vue du monument choragique de Lysicrate et
du couvent des Capucins, à Athènes.
Aquarelle, par M. Hilair.

> Hauteur, 40 cent. (14 pouces ½.) Largeur, 60 centim.
> (21 pouces ½.)

405.**.

Vue du monument de Thrasyllus, à Athènes.
Aquarelle, par M. Hilair.

Hauteur, 64 cent. (1 pied 11 pouces ⅓.) Largeur, 46 cent.
(16 pouces 8 lignes.)

406.*.

Dessin d'un bas-relief antique, trouvé à Athènes.

Lavé au bistre, par M. Fauvel.

Hauteur, 15 cent. (5 pouces 5 lignes.) Largeur, 11 cent.
(4 pouces.)

407.*.

Dessins de vases de terre peints, improprement nommés *vases étrusques*, trouvés dans le Céramique, à Athènes (1).

---

(1) J'ai trouvé de beaux débris de vases semblables, en fouillant au pied d'un édifice en marbre, qui faisoit autrefois partie de l'ancienne *Parium*, ville d'Asie, située à l'extrémité septentrionale de l'Hellespont. La même fouille m'a fait découvrir sous le sable qui borde la mer, un magnifique tombeau de marbre, portant cette inscription :

ΦΑΛΕΡΙΑ
ΕΠΙΚΤΗΣΙΣ
ΑΙΛΙΑ ΠΡΟΚΛΗ
ΘΥΓΑΤΡΙ
ΜΝΗΜΗΣ ΧΑΡΙΝ

c'est-à-dire,

Phaléria,
Epictésis.
Monument à la mémoire de sa fille Ælia Proclé.

Dessin colorié par M. Fauvel.

Hauteur, 22 cent. (8 pouces.) Largeur, 35 cent. (1 pied.)

408.*.

Vases de terre peints et sans peinture, trouvés dans le Céramique d'Athènes, et dans les îles de Naxie et de Santorin.

Dessin colorié, par M. Fauvel.

Hauteur, 22 cent. (8 pouces.) Largeur, 35 cent. (1 pied.)

409.**.

Vue d'un paysage de l'Attique, et d'un lion de marbre qui se voit sur le chemin qui conduit d'A-thènes à Eleusis.

Aquarelle, par M. Cassas.

Hauteur, 61 cent. (22 pouces.) Larg. 75 cent. (2 pieds 5 pouces.)

410.**.

Vue d'Eleusis, prise du nord-est, avec les ruines de ses anciens édifices, et dans l'éloignement, l'île de Salamine et le mont Keratia.

Aquarelle, par M. Fauvel.

Hauteur, 10 cent. (3 pouces 8 lignes.) Largeur, 20 cent. (7 pouces 4 lignes.)

411.**.

Plan colorié et élévation d'un *Lesché* à Eleusis. Aquarelle, par M. Fauvel.

Hauteur, 15 cent. (5 pouces 4 lignes.) Largeur, 25 cent. (8 pouces 4 lignes.)

412.**

Vue des rochers Scironiens, entre Mégare et l'isthme de Corinthe.

Aquarelle, par M. Fauvel.

Hauteur, 15 cent. (5 pouces 7 lignes.) Largeur, 25 cent. (8 pouces 5 lignes.)

413.**

Antre de Trophonius, et Fontaine Hercynie, à Livadia, anciennement *Lebadea.*

Aquarelle, par M. Fauvel.

Hauteur, 15 cent. (5 pouces 7 lignes.) Largeur, 25 cent. (8 pouces 5 lignes.)

414.**

Vue de l'entrée de Delphes, du côté de l'ouest, et des tombeaux antiques qui sont en ce lieu.

Aquarelle, par M. Fauvel.

Hauteur, 8 cent. (3 pouces 1 ligne.) Largeur, 17 cent. (6 pouces 3 lignes.)

415.**

Autre entrée de Delphes, du côté de l'est, et vue du village de *Castri,* bâti sur l'emplacement de cette ville.

Aquarelle, par M. Fauvel.

Hauteur, 8 cent. (3 pouces 2 lignes.) Largeur, 17 cent. (6 pouces 3 lignes.)

416.**.

Vue de la fontaine Castalie, à Delphes.

Aquarelle, par M. Fauvel.

>Hauteur, 16 cent. (5 pouces 8 lignes.) Largeur, 11 cent.
>(4 pouces 2 lignes.)

417.**.

Plan de la ville de Sicyone.

Dessin colorié, par M. Fauvel.

>Hauteur, 20 cent. (7 pouces 4 lignes.) Largeur, 32 cent.
>(11 pouces 8 lignes.)

418.**.

Ruines d'un temple dorique, à Corinthe.

Aquarelle, par M. Fauvel.

>Hauteur, 16 cent. (5 pouces 8 lignes.) Largeur, 22 cent.
>(8 pouces 2 lignes.)

419.***.

Plan de Némée.

Levé par M. Fauvel, et dessiné par M. Kauffer.

>Hauteur, 10 cent. (5 pouces ½.) Larg., 19 cent. (7 pouc.)

420.**.

Plan du temple de Jupiter, à Némée, avec un morceau d'entablement du même édifice.

Par M. Fauvel.

>Hauteur, 19 cent. (5 pouces 9 lignes.) Largeur, 28 cent.
>(10 pouces 5 lignes.)

421..**

Ruines du temple précédent.
Aquarelle, par M. Fauvel.

Hauteur, 10 cent. (3 pouces 8 lignes.) Largeur, 21 cent.
(7 pouces 8 lignes.)

422..**

Détail colorié du même temple.
Par M. Fauvel.

Hauteur, 25 cent. (8 pouces 4 lignes.) Largeur, 14 cent.
(4 pouces 8 lignes.)

423.*.**

Plan colorié de la plaine de Mantinée, de l'enceinte de cette ville, de son théâtre, et d'une partie du Cours de *l'Ophis*.
Par M. Fauvel.

Hauteur, 10 cent. (3 pouces ½.) Larg. 20 cent. (7 pouces
5 lignes.)

424..**

Vue de la ville de Napoli de Romanie, prise au nord-ouest.
Aquarelle, par M. Fauvel.

Hauteur, 10 cent. (3 pouces 6 lignes.) Largeur, 20 cent.
(7 pouces 5 lignes.)

425.*.**

Vue du temple d'Apollon *Epicurius,* sur le mont Cotylus, en Arcadie (1).

---

(1) C'est sous les ruines de ce temple, qu'ont été décou-

Aquarelle, par M. Hilair. E.

> Hauteur, 66 cent. (2 pieds.) Largeur, 97 cent. (2 pieds
> 11 pouces.)

426.**.

Autre vue du même temple.

Aquarelle, par M. Fauvel.

> Hauteur, 15 cent. (5 pouces 7 lignes.) Largeur, 23 cent.
> (8 pouces 5 lignes.)

427.**.

Plan colorié, et détail d'architecture du temple précédent.

Par M. Fauvel.

> Hauteur, 10 cent. (5 pouces 6 lignes.) Largeur, 20 cent.
> (7 pouces 2 lignes.)

428.***.

Plan colorié de la plaine de Sparte et d'Amyclée.

Levé par M. Fauvel, et dessiné par M. Kauffer.

> Hauteur, 35 cent. (1 pied 9 lignes.) Largeur, 21 cent.
> (7 pouces 9 lignes.)

---

verts les superbes bas-reliefs vendus depuis quelques années, à S. A. R. le Prince régent d'Angleterre. Les diverses sculptures qui se remarquent sur le devant de notre dessin, sont copiées d'après plusieurs antiques, qui font partie de la collection de M. le comte de Choiseul, et qui n'ont jamais appartenu à l'édifice représenté.

429.*.**

Plan colorié des ruines de Sparte.

Levé par M. Fauvel, et dessiné par M. Kauffer.

> Hauteur, 55 cent. (1 pied 9 lignes.) Largeur, 21 cent.
> (7 pouces 9 lignes.)

430.*.**

Vue du théâtre de Sparte.

Aquarelle, par M. Fauvel.

> Hauteur, 10 cent. (3 pouces 8 lignes.) Largeur, 20 cent.
> (7 pouces 4 lignes.)

431.*.**

Plan colorié du mont Ithome, et d'une partie
de la Messénie, avec le dessin d'un bas-relief trouvé
dans les ruines de Messène.

Par M. Fauvel.

> Hauteur, 10 cent. (3 pouces 6 lignes.) Largeur, 20 cent.
> (7 pouces 4 lignes.)

432..**

Plan colorié d'une porte de Messène.

Par M. Fauvel.

> Hauteur, 10 cent. (3 pouces 6 lignes.) Largeur, 20 cent.
> (7 pouces 3 lignes.)

433..**

Vue de la ville d'Arcadia, bâtie sur les ruines de
l'ancienne *Cyparissia*.

Aquarelle, par M. Fauvel.

> Hauteur, 10 cent. (3 pouces 8 lignes.) Largeur, 20 cent.
> (7 pouces 4 lignes.)

434..**

Vue de la ville de Modon, anciennement nommée *Méthone*.

Aquarelle, par M. Fauvel.

> Hauteur, 10 cent. (5 pouces 8 lignes.) Largeur, 20 cent.
> (7 pouces 5 lignes.)

435.*.**

Plan d'Olympie.
Levé par M. Fauvel, et dessiné par M. Kauffer.

> Hauteur, 10 cent. (5 pouces ½.) Larg. 20 cent. (7 pouc.
> 4 lignes.)

436.*.**

Plan colorié de la barrière, à Olympie.
Par M. Fauvel.

> Hauteur, 10 cent. (5 pouces 8 lignes.) Larg. 20 cent.
> (7 pouces 4 lignes.)

437..**

Quatre dessins contenant divers plans de l'Hip-
podrome d'Olympie (1).

> Hauteur générale, 17 cent. (6 pouces.)

438..**

Vue de la ville de Patras, en Morée, prise du
nord.

---

(1) Les gravures de ces dessins, accompagnent une disser-
tation que M. le comte de Choiseul a insérée dans les Mémoires de l'Académie des Inscriptions.

Aquarelle, par M. Fauvel.

> Hauteur, 10 cent. (3 pouces 6 lignes.) Largeur, 20 cent.
> (7 pouces 3 lignes.)

439.**.

Vue de la ville d'Arta, prise du nord-est.

Aquarelle, par M. Fauvel.

> Hauteur, 10 cent. (3 pouces 6 lignes.) Largeur, 20 cent.
> (7 pouces 3 lignes.)

440.**.

Vue d'une église grecque près d'Arta, prise du sud-ouest.

Aquarelle, par M. Fauvel.

> Hauteur, 10 cent. (3 pouces 7 lignes.) Largeur, 20 cent.
> (7 pouces 5 lignes.)

441.**.

Port d'Arta, vu de l'est.

Aquarelle, par M. Fauvel.

> Hauteur, 10 cent. (3 pouces 8 lignes.) Largeur, 20 cent.
> (7 pouces 5 lignes.)

442.**.

Vue d'un théâtre dont les ruines se trouvent près du golphe d'Ambracie, à deux heures de marche de Prévésa.

Aquarelle, par M. Fauvel.

> Hauteur, 10 cent. (3 pouces 8 lignes.) Largeur, 20 cent.
> (7 pouces 4 lignes.)

443.**.

Vue des ruines du théâtre de Nicopolis, prise du côté du sud.

Aquarelle, par M. Fauvel.

Hauteur, 10 cent. (5 pouces 8 lignes.) Largeur, 20 cent.
(7 pouces 4 lignes.)

444.**.

Dessin au trait, de l'amphithéâtre de Pola.
Par M. Cassas.

Hauteur, 65 cent. (1 pied 11 pouces.) Largeur, 1 mètre
48 cent. (4 pieds ½.)

445.***.

Plans, coupes et élévations des principaux édifices antiques qui se voient encore en Sicile.

Dessin lavé à l'encre de la Chine, par M. Renard.

Hauteur, 29 cent. (10 pouces 5 lignes.) Largeur, 45 cent.
(1 pied 4 pouces 4 lignes.)

446.***.

Un paysage représentant la chûte d'un torrent, sur des rochers.

Dessin à la *Cépia*, par M. le comte de Turpin-Crissé.

* Hauteur, 51 cent. (1 pied 11 pouces.) Largeur, 47 cent.
(17 pouces.)

447.

Dix dessins représentant diverses armures grecques.

Par M. Dubois.

Hauteur générale, 21 cent. (7 pouces ½.) Largeur, 16 cent.
(6 pouces.)

448.**.

Un rouleau de dessins contenant différentes compositions, par M. Cassas, etc., etc.

GRAVURES.

___

449.***.

Portrait en pied de S. A. Monseigneur le Prince de Talleyrand-Périgord, grand-chambellan.

Gravé d'après le tableau de M. le chevalier Gérard; par M. Boucher-Desnoyers. E.

> Hauteur, 62 cent. (1 pied 10 pouces ½.) Largeur, 40 cent. (14 pouces ¾.)

450.**.

Vue d'un palais de la sultane Validé, bâti sur le canal de la mer Noire. E.

> Hauteur, 48 cent. (1 pied 5 pouces ½.) Largeur, 69 cent. (2 pieds 1 pouce.)

___

BLOC DE LABRADOR, MALACHITE,

ET AUTRES MATIÈRES, EN PLAQUE OU EN ÉCHANTILLON.

___

451.******. Pierre de Labrador.

Un superbe bloc applani sur l'une de ses faces, auquel se joignent deux tranches séparées de la masse.

> Hauteur, 49 cent. (1 pied 5 pouces ½.) Largeur, 53 cent. (1 pied 7 pouces.) E. 24 cent. (8 pouces ¾.)

452.****. Malachite.

Deux boîtes renfermant un grand nombre de plaques collées sur ardoises, et destinées à recouvrir une table ronde qui est commencée.

453.***. Bois de palmier noir, pétrifié.

Partie d'un petit bloc, poli sur l'une de ses faces.

454.***. Prime (*dit*) d'émeraude.

Un grand nombre de plaques destinées à recouvrir une table.

455.**. Lapis lazuli de Sibérie.

Plaques et fragmens de divers grandeurs.

456.*.

Agathes, jaspes, prime d'améthyste, pouddings, en plaques et en échantillon, de formes diverses.

COLONNES, CIPPES ET PIÉDESTAUX;
DALLES DE GRANIT ROSE ORIENTAL ET DE MARBRE PENTÉLIQUE; STALACTITES.

457.*****. Porphyre rouge, oriental.

Une colonne antique, au-dessous de laquelle se remarquent les lettres grecques suivantes : ΠΟ ΙΙΙ
                                                    ΥΡΟ

Hauteur, 5 mètres 19 cent. (9 pieds 7 pouces.) D. 66 cent. (2 pieds.)

458****. Granit rose oriental.

Une colonne antique, brisée par le bas.

> Hauteur, 2 mètres 77 cent. (8 pieds 4 pouces.) D. 69 cent.
> (2 pieds 1 pouce.)

459.****. Même matière que la précédente.

Une colonne antique, fracturée par le haut.

> Hauteur, 2 mètres 47 cent. (7 pieds 5 pouces.) D. 65 cent.
> (22 pouces ½.)

460.***. Même matière

Un tronçon de colonne antique.

> Hauteur, 1 mètre 45 cent. (4 pieds 4 pouces ½) D. 36 cent.
> (1 pied 1 pouce.)

461.***. Même matière.

Un autre tronçon de colonne antique.

> Hauteur, 1 mètre 18 cent. (3 pieds 10 pouces.) D. 42 cent.
> (1 pied 7 pouces.)

462.***. Même matière.

Une colonne dorique, non achevée.

> Hauteur, 1 mètre 53 cent. (4 pieds 7 pouces.) D. 55 cent.
> (1 pied 6 lignes.)

463.*****. Marbre vert, antique.

Une colonne antique, de la plus belle proportion.

Envoyée d'Athènes, par M. Fauvel.

> Hauteur, 3 mètres 94 cent. (8 pieds 10 pouces.) D. 33 cent.
> (1 pied.)

464.**.** Même matière que la précédente.

Une colonne antique, rompue vers sa partie
supérieure.

Envoyée d'Athènes, par M. Fauvel.

> Hauteur, 2 mètres 17 cent. (6 pieds ½.) D. 37 cent.
> (13 pouces ½.)

465.*.** Même matière.

Un fragment de colonne antique.
Envoyé à Athènes, par M. Fauvel.

> Hauteur, 1 mètre 33 cent. (4 pieds.) D. 36 cent. (13 pouc.)

466..** Brèche d'Alep.

Deux colonnes sans chapiteaux.

> Hauteur, 1 mètre 94 cent. (5 pieds 10 pouces.) D. 28 cent.
> (10 pouces.)

467..** Marbre Campan Isabelle.

Deux colonnes avec leurs chapiteaux ioniques,
en marbre blanc.

> Hauteur, 1 mètre 33 cent. (4 pieds.) D. 21 cent. (7 pouces
> 4 lignes.)

468..** Albâtre d'Italie.

Deux colonnes cannelées, avec chapiteaux à
feuilles d'acanthe, en même matière, et autres
chapiteaux de rechange, en ordre ionique et en
marbre blanc.

> Hauteur, 1 mètre 91 cent. (5 pieds 9 pouces.) D. 25 cent.
> (9 pouces.)

469.*. Serpentine de France.

Deux colonnes qui ne sont point achevées.

> Hauteur, 1 mètre 70 cent. (5 pieds 1 pouce ¼.) D. 30 cent.
> (10 pouces 8 lignes.)

470.**. Rouge antique.

Deux petites colonnes avec chapiteaux et bases doriques.

> Hauteur, 18 cent. 5 millim. (6 pouces 8 lignes.) D. 2 cent.
> 9 millim. (1 pouce.)

471.*. Marbre cipolin.

Un fragment de colonne.

> Hauteur, 90 cent. (2 pieds 8 pouces ¼.) D. 58 cent. (1 pied
> 9 pouces.)

472.*. Marbre de Paros.

Un débris de colonne antique, cannelée.

> Hauteur, 41 cent. (15 pouces.) D. 56 cent. (20 pouces.)

473. Marbre blanc.

Un tambour de colonne antique.

> Hauteur, 58 cent. (1 pied 9 pouces.) D. 48 cent. (1 pied
> 5 pouces ¼.)

474.***. Porphyre rouge oriental.

Un cippe en forme de colonne tronquée.

> Hauteur, 1 mètre 3 cent. (3 pieds 11 lignes.) D. 44 cent.
> (1 pied 4 pouces.)

475.**. Marbre vert de mer.

Un cippe de même forme que le précédent.

> Hauteur, 1 mètre 44 cent. (4 pieds 5 pouces.) D. 21 cent.
> (7 pouces 4 lignes.)

476..** Marbre cipolin.

Deux cippes de même forme.

> Hauteur, 72 cent. (2 pieds 2 pouces.) D. 24 cent. (8 pouc.
> 8 lignes.)

477.*. Marbre bleuâtre.

Un cippe de même forme.

> Hauteur, 24 cent. (8 pouces ¾.) D. 21 cent. (7 pouces
> 4 lignes.)

478..** Porphyre rouge oriental.

Un petit piédestal de forme ronde, avec base et corniche en marbre blanc.

> Hauteur, 29 cent. (10 pouces 5 lignes.) D. 26 cent. 5 mill.
> (9 pouces ¾.)

479..** Porphyre vert oriental et porphyre des Vosges.

Deux piédestaux carrés, avec bases et corniches en marbre blanc.

> Hauteur, 22 cent. (8 pouces.) Larg., 21 cent. (7 pouc. ¾.)

480..** Marbre vert antique.

Deux socles carrés.

> Hauteur, 10 cent. 5 millim. (3 pouces 9 lignes.) Largeur,
> 22 cent. (8 pouces.)

481.*. Marbre vert de mer.

Un socle de forme ronde.

> Hauteur, 11 cent. (4 pouces) D. 29 cent. (10 pouces ¾.)

482..**

Huit petits piédestaux et socles, en porphyre, serpentin, jaune antique, granit vert de Corse, etc.

> Largeur moyenne, 17 cent. (6 pouces.)

483..** Marbre cipolin.

Deux piédestaux élevés et de forme ronde, destinés à supporter des vasques ou coupes.

> Hauteur, 54 cent. (1 pied 7 pouces ½.) Diamètre pris à la base, 39 cent. (1 pied 2 pouces.)

484. Marbre bleu turquin.

Deux socles de forme ronde.

> Hauteur, 5 cent. 6 millim. (2 pouces.) D. 33 cent. (1 pied.)

485. Même matière.

Un socle de forme carrée.

> Hauteur, 5 cent. 6 millim. (2 pouces.) Largeur, 33 cent. (1 pied.)

486.*.** Albâtre oriental.

Une tablette de forme inégale.

> Hauteur, 56 cent. (20 pouces.) Larg. 44 cent. (16 pouc.)

487.*.** Serpentin vert oriental.

Deux tablettes de forme inégale.

> Dimension de la plus grande. Long. 66 cent. (2 pieds ½.) Largeur, 54 cent. (19 pouc. ½.)

488.*.** Porphyre vert oriental.

Une tablette de forme carrée allongée.

> Longueur, 1 mètre 17 cent. (3 pieds ½.) Larg. 22 cent. (8 pouces.)

489.***. Marbre vert antique.

Une table brisée en deux morceaux.

> Longueur, 1 mètre. (3 pieds.) Larg, 36 cent. (13 pouces.)

490.***.

Une dalle de granit rose oriental.

> Longueur, 1 mètre 11 cent. (3 pieds 2 pouces.) Largeur,
> 1 mètre (3 pieds.) E. 33 cent. (1 pied.)

491.**.

Une grande dalle de marbre Pentélique.

> Longueur, 2 mètres 9 cent. (6 pieds 5 pouces.) Largeur,
> 1 mètre (3 pieds.) E. 28 cent. (10 pouces.)

492.**.

Une autre dalle en même marbre.

> Longueur, 1 mètre 66 cent. (5 pieds.) Largeur, 56 cent.
> (20 pouces.) E. 33 cent. (1 pied.)

493.**.

Autre dalle, en même matière.

> Longueur, 1 mètre 66 cent. (5 pieds.) Largeur, 1 mètre
> 80 cent. (5 pieds 5 pouces.) E. 28 cent. (10 pouces.)

494.*.

Une dalle de marbre grec, de couleur grise.

> Hauteur, 73 cent. (2 pieds 2 pouces ½.) Largeur, 66 cent.
> (2 pieds.) E. 28 cent. (10 pouces.)

495.**. Marbre blanc.

Une dalle de marbre formant la gaine de l'her-

mès dont a été détaché l'inscription grecque décrite sous le n° 203.

Hauteur, 93 cent. (2 pieds 9 pouces ½.) Largeur, 33 cent.
(1 pied.) E. 11 cent. (4 pouces.)

496.

Quatre Stalactites, provenant d'une grotte qui
se trouve près de Vary, dans les environs d'A-
thènes (1).

Hauteur de la plus grande, 1 mètre 83 cent. (5 pieds ½.)
Largeur, 43 cent. (15 pouces ½.)

(1) Cette grotte célèbre, nommée *Panéum* ou *Nymphéum*,
est décrite avec beaucoup de détail dans le *Voyage en
Grèce*, de Chandler. (Tome IIIe. de la traduction françoise,
page 94.)

MEUBLES

ET OBJETS DIVERS.

CABINETS, COMMODES ET PARAVENT,
EN LAQUE DE LA CHINE ET DU JAPON,
TABLES EN DIVERSES MATIÈRES,
PORCELAINES DE LA CHINE, etc.

1.***.**

Deux cabinets de laque du Japon, à fond noir, avec maisons, paysages et figures en relief et dorées.

Ces deux cabinets, qui sont dignes de figurer dans les plus belles collections de ce genre d'ameublement, contiennent chacun deux côtés et huit tiroirs peints dans leur intérieur en *aventurine*.

Monture orientale, en cuivre doré.

> Hauteur, 1 mètre (5 pieds.) Long. 97 cent. (2 pieds 11 pouces.) Prof. 55 cent. (1 pied 7 pouces.)

2.**.**

Deux autres cabinets en laque du Japon, avec dessus en marbre de Belgique. Encadrement en

1

ébène, orné de filets d'étain, et monture en cuivre doré.

> Hauteur, 91 cent. (2 pieds 9 pouc.) Larg. 83 cent. (2 pieds 6 pouces.) Prof. 45 cent. (1 pied 4 pouces.)

3.****.

Deux commodes en laque, dont les côtés peuvent servir de bibliothèque, et dont le centre contient onze tiroirs (1).

Dessus en albâtre orbiculaire de France.

> Hauteur, 1 mètre 9 cent. (3 pieds 5 pouces.) Larg. 2 mèt. 6 cent. (6 pieds 2 pouces.) Prof. 50 cent. (1 pied ½.)

4.***.

Deux grands cabinets en laque, et garnis de tiroirs, avec monture en bois d'ébène ; les ornemens sont en cuivre doré, et le dessus en marbre noir.

> Hauteur, 1 mètre 21 cent. (3 pieds 7 pouces ½.) Largeur, 1 mètre 55 cent. (4 pieds.) Prof. 63 cent. (1 pied 11 pouces.)

5.**.

Une commode en laque, avec deux tiroirs; monture en bronze doré et dessus en marbre gris veiné.

> Hauteur, 89 cent. (2 pieds 8 pouc.) Larg. 1 mètre 41 cent. (4 pieds 5 pouces.) Prof. 55 cent. (1 pied 8 pouces.)

---

(1) Ces commodes, ainsi que le paravent de laque désigné sous le n° 7, ont été restaurées avec un soin extrême par M. Tolomé, artiste très-habile, demeurant à Paris, rue des Gravilliers, n°. 6.

6.**.

Un cabinet en laque, avec douze tiroirs et une monture orientale, en cuivre doré.

> Hauteur, 1 mètre 41 cent. (4 pieds 5 pouc.) Larg. 1 mètre 5 cent. (1 pied 1 pouce.) Prof. 55 cent. (1 pied 8 pouc.)

7.***.

Un paravent en laque, composé de neuf feuilles, dont sept seulement sont restaurées.

> Hauteur, 2 mét. 7 cent. (6 pieds 2 pouc. ½.) Larg. 65 cent. (1 pied 10 pouc. 8 lignes.)

8.***.

Trente-neuf plaques de laque de la Chine et du Japon, à fond noir, rouge et verd, avec ou sans incrustation de nacre, etc.

> La hauteur de ces plaques varie depuis 2 mètres 20 cent. (6 pieds 7 pouces), jusqu'à 20 cent. (7 pouces.)

9.****. Albâtre oriental (1).

Une table de forme carrée allongée.

> Longueur, 80 cent. (2 pieds 5 pouces.) Largeur, 42 cent. (15 pouces.)

10.***. Porphyre rouge oriental.

Une table de forme ronde.

> Diamètre, 43 cent. (15 pouces ½.)

---

(1) Aucune des tables décrites dans cette série, ne se trouve montée.

11.****. Marbre vert antique (plaqué).

Deux tables rondes, incrustées d'ammonites pétrifiées et d'agathes.

Diamètre, 89 cent. (2 pieds 8 pouces).

12.****. Marbre vert antique (plaqué).

Une table de forme carrée très-allongée.

Longueur, 2 mètres 13 cent. (6 pieds 4 pouces 6 lignes.)
Largeur, 42 cent (15 pouces.)

13.****. Marbre vert antique.

Quatre tables de forme ronde.

Diamètre, 54 cent. (1 pied 7 pouces ¾.)

14.*****. Granit orbiculaire de Corse.

Une table de forme carrée allongée, avec enca-drement en marbre blanc, contenant des ornemens incrustés en jaspe vert et en cornaline.

Longueur, 1 mètre 33 cent. (4 pieds.) Largeur, 65 cent.
(1 pied 10 pouces ¼)

15.****. Granit vert des Vosges.

Une table de même forme, que la précédente.

Longueur, 1 mètre 53 cent. (4 pieds 7 pouces.) Largeur,
89 cent. (2 pieds 8 pouces.)

16.**. Marbre vert d'Égypte (plaqué).

Une table de même forme que celles qui pré-cèdent.

Longueur, 1 mètre 64 cent. (4 pieds 11 pouces.) Larg.
75 cent. (2 pieds 2 pouces ¼.)

17.***. Albâtre de Tivoli (plaqué).

Deux tables de forme semblable aux précédentes.

> Longueur, 1 mètre 20 cent. (3 pieds 7 pouces.) Largeur,
> 49 cent. (1 pied 5 pouces 9 lignes.)

18.***. Marbre de Sainte Beaume.

Une table de forme semblable.

> Longueur, 1 mètre 17 cent. (3 pieds $\frac{1}{2}$.) Largeur, 64 cent.
> (1 pied 11 pouces $\frac{5}{7}$.)

19.***. Marbre *Portor*.

Une table de même forme.

> Longueur , 1 mètre 50 cent. (3 pieds 11 pouces.) Largeur ,
> 65 cent. (1 pied 11 pouces.)

20. Marbre gris , veiné de blanc.

Une table de forme ronde.

> Diamètre , 56 cent. (20 pouces.)

21.****.

Deux très-beaux plats en porcelaine de la Chine, peinte et dorée.

> Diamètre , 55 cent. (1 pied 8 pouces.)

22.

Un large canapé , six fauteuils , six chaises et trois tabourets, en velours d'Utrecht rayé, et de couleur violette.

23.

Quatre fauteuils et un même nombre de chaises,

recouverts en toile de coton jaune, avec monture
en bois bronzé.

24.

Six fauteuils et huit chaises, recouverts en drap
bleu, bordé d'un galon jaune, avec monture en
bois peint en blanc et filets bronzés.

25.

Un secrétaire à cylindre, en bois d'acajou, avec
sa monture en cuivre doré.

Hauteur, 95 cent. (2 pieds 9 pouces ½.) Larg. 1 mètre
56 cent. (4 pieds 1 pouce.) Prof. 85 cent. (2 pieds ½.)

26.

Une table ployante, de forme ovale arrondie,
en bois d'acajou.

Diamètre, 1 mètre 59 cent. (4 pieds 9 pouces.)

27. Marbre noir.

Un cadran solaire avec son style et accessoires
en cuivre.

Diamètre, 1 mètre 6 cent. (3 pieds 2 pouces.)

28.*

Deux petits modèles en bois, d'une machine
destinée à faciliter l'arrachement des pieux enfoncés en terre.

SUPPLÉMENT AU CATALOGUE.

1

Sur la face droite du marbre décrit sous le n° 204, on trouve l'inscription suivante, que nous croyons plus ancienne que le fragment de calendrier que nous avons déjà fait connoître :

ΑΠΕΛΛΗΣ ΚΑΙ ΜΗΤΡΟΘΕΜΙΣ ΟΙ ΚΛΕΑΝΑΚΤΙΔΟΥ
ΤΗΝ ΤΙΘΗΝ ΜΕΛΙΤΕΙΑΝ ΛΥΣΑΝΙΟΥ
ΕΚ ΤΡΟΦΗΣ ΕΝΕΚΕΝ ΚΑΙ ΦΙΛΟΣΤΟΡΓΙΑΣ ΤΗΣ ΕΑΥΤΩΝ.

c'est-à-dire ,

Apellès et Métrothémis, enfans de Cleanactidas, ont élevé ce monument à leur nourrice Mélitée , fille de Lysanias , à cause de la nourriture qu'elle leur a donnée , et à cause de sa tendresse pour eux.

Une cuve de marbre noir, avec anneaux pris dans la masse.

Longueur, 1 mètre 50 cent. (5 pieds 10 pouces.) Largeur, 78 cent. (2 pieds 4 pouces.)

J. M. EBERHART, IMPRIMEUR DU COLLÉGE ROYAL DE FRANCE,
RUE DU FOIN SAINT-JACQUES, N° 12.

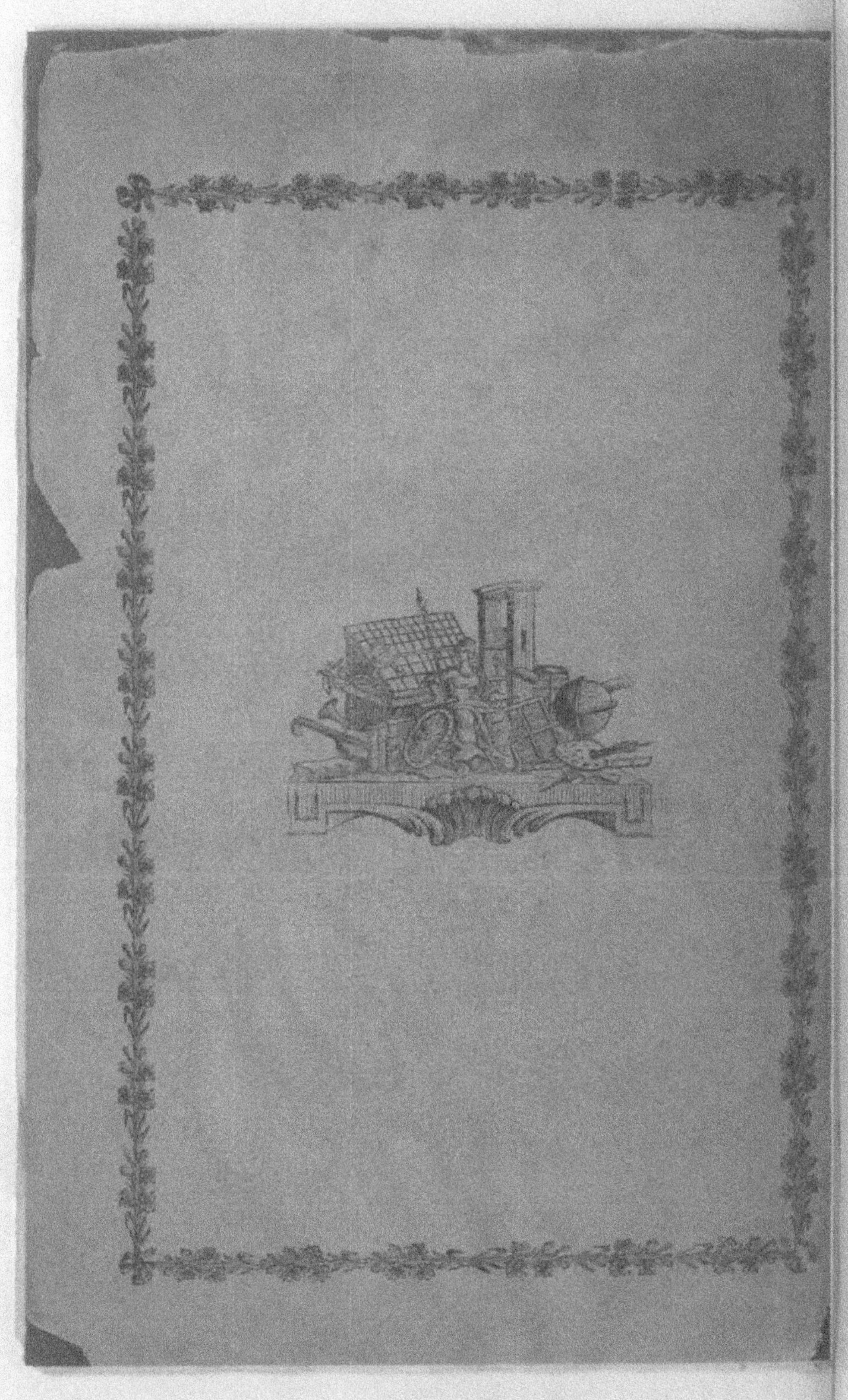